价值观的力量

"三好企业"是怎样炼成的

正和岛 陈为 夏昆 —— 著

机械工业出版社
CHINA MACHINE PRESS

图书在版编目（CIP）数据

价值观的力量："三好企业"是怎样炼成的 / 正和岛著 . -- 北京：机械工业出版社，2025. 5. -- ISBN 978-7-111-77902-5

I. F272

中国国家版本馆 CIP 数据核字第 2025HD5311 号

机械工业出版社（北京市百万庄大街 22 号　邮政编码 100037）
策划编辑：朱　悦　　　　　　　　　　责任编辑：朱　悦　梁智昕
责任校对：颜梦璐　张慧敏　景飞　　　责任印制：任维东
天津嘉恒印务有限公司印刷
2025 年 5 月第 1 版第 1 次印刷
170mm×230mm・14.5 印张・1 插页・137 千字
标准书号：ISBN 978-7-111-77902-5
定价：79.00 元

电话服务	网络服务
客服电话：010-88361066	机　工　官　网：www.cmpbook.com
010-88379833	机　工　官　博：weibo.com/cmp1952
010-68326294	金　书　网：www.golden-book.com
封底无防伪标均为盗版	机工教育服务网：www.cmpedu.com

前言
PREFACE

更新我们的企业观

◎陈为

一

2023年8月,我与正和岛30位企业家赴日参访游学。

一周的行程,我们参访了多家长寿企业。日本企业作为一个群体可谓命运多舛,石油危机、经济萧条、世界大战、流行病、大地震……明治维新以来,一百余年间多次遭遇冲击。然而,京瓷讲师堀直树向我们展示了一组数据:2022年,穿越重重挑战,经营达至百年的日本企业已达37 085家。

须知,世界500强企业在20世纪20年代的平均寿命是67年,而现在只有15年。企业和人一样,不用一味贪大求快,活得健康、持久、高质量才是根本。

我们向日本企业询问长寿的密码，好几家企业给了我们同一个答案："三方好"的思维方式与经营理念。所谓"三方好"，是指卖方好、买方好、世间好。卖方好，即对企业和员工好，强调企业自律；买方好，即对顾客好，要能让顾客与潜在顾客、未来的顾客满意；世间好，即对社会好，要为社区、城市和社会做出贡献。

答案在意料之外，却又在情理之中。企业作为社会单元，只有实现"三方好"，众人才会盼着它好，才能实现上下、内外一心，永续发展。

几个月后，我去胖东来新乡门店探访。

现场令我颇觉震撼。诸多企业想学习胖东来的方法，却忽略了创始人于东来的根脉与格局：于东来信奉"爱与自由"，他不光是在经营一个商业组织，更试图将其打造成一个传播自身理念的学校。在这个场域里，人是开心的，货是放心的，场是齐心的。通过胖东来这个物质载体，于东来真正想打通的，是一条内核为品质与幸福的、影响城市与社会的"美好之路"。

胖东来无疑是典型的"三方好"理念的践行者。有人将胖东来模式一言以蔽之：对人好。因为员工、客户、大众的真心认可与追捧，胖东来近年实现了数倍于预期的经营利润。事实上，就我们近年探访上百家企业的所见而言，这类"三好企业"大多逆势增长、业绩可观。

了解这类企业的想法与干法后，你会由衷感慨："活该"它们成功，"活该"它们赚钱，"活该"它们活得长久。

二

回溯中国企业家的整体企业观，源自美国的"股东价值"学说影响广泛，值得反思。

1976年，哈佛商学院教授迈克尔·詹森提出了一个"原罪"论（即代理成本理论）：管理者很难忠实地保护股东利益，除非把他们的薪酬与公司盈利捆绑在一起。20世纪80年代，这一想法借由商学院的力量蔚然成风。90年代，弗兰克·伊斯特布鲁克与丹尼尔·费希尔出版《公司法的经济结构》一书，该书被视作"股东价值"学说的"圣经"，而在此前，"股东价值"学说已四处传播，影响广泛。

但正如管理学名著《清教徒的礼物》的作者霍博兄弟所指出的那样，"股东价值学说既有缺陷又有害，除非淡化（很多管理作家这么做过）到一种几乎什么含义都没有的地步"，"如果股东价值学说从法律和经济角度为盈利至上主义提供了一个合乎道德的辩护,那么当它为自 19 世纪 90 年代以来程度最强的个人贪欲和规模最大的公司掠夺进行辩护时,它也为 20 世纪和 21 世纪之交的泡沫经济提供了一个合乎情理的背景"。

见识广博的世界经济论坛的创始人施瓦布承认股东资本主义自 20 世纪 70 年代散布全球以来,给数以亿计的人带来了繁荣。但他同时提醒大家不能忽略了硬币的另外一面,"包括米尔顿·弗里德曼在内的芝加哥学派经济学家以及其他的股东资本主义倡导者均忽视了一个事实,那就是上市企业不光是一个追求利润的实体,还是一个社会有机体。一味强调利润,再加上金融业面临的提升短期业绩的压力,导致股东资本主义与实体经济越来越脱节"。

因此,施瓦布倡导"第三条道路":在盛行的股东资本主义、国家资本主义之外,还有一条更趋合理的道路——利益相关者资本主义。自青年时代时,施瓦布就从父亲管理的企业中受到启发:企业只有与自己的员工、合作伙伴以及政府和国际社会形成互利共生关系,才能得到长久发展。股东至上模式只关注细化的、排他性的目标,而没有整体观念,而今天,没有人再是孤岛,利益相关者之间的关联性和人与地球的福祉正越来越被置于中心地位。

事实上,很多人都忽略了亚当·斯密的另一面:他虽然非常清楚并明确地表达了企业家的一个重要动机是自利，但他并不认为企业的主要目的是为股东谋利，而是认为企业的唯一目的是让客户满意。他指出，"消费是一切生产的唯一目的。生产者的利益，只在能促进消费者的利益时，才应当予以关注"。

三

同样，德鲁克认为，企业的终极目的是创造顾客，它绝非股东的一部冷酷无情的赢利机器。

这位管理学大师给了管理者一个重要提醒，正如味道是主观体验，而非客观事实一样，"善于决策的管理者知道，决策不是从事实开始的，而是从观点开始的"。

"观点"决定了决策的质量。所以，企业家应该因应环境变化，不断修炼、进化，提升自己的"观点"、认知与价值观，超越短期自利，关注真正的客户价值以及公平、环境与社会生态。在今天的经营环境下，ESG体系已成为企业的"必答题"。

员工方面尤其值得关注。企业是价值观的重要塑造者，而企业价值观决定了员工的忠诚度。对于企业所拥有的明确而独特的价值观，员工可以选择接受或拒绝。在这个意义上，一个个企业变得越来越像一个个"部落"，正如一位西方经济学家所说："企业必须找到认同自己价值观的员工，再在技能层面培养赋能。招进聪明人，把他们放到训练营里洗脑——这样的想法我们已经不再相信了。"

我们发现，在艰难环境的淬炼与考验下，唯有"三好企业"真金不怕火炼，它们浴火重生，不断释放"价值观红利"，展现出蓬勃的战斗力与生命力。

中国企业家从来不易，在多重不确定性之下与风险共舞，个中冷暖苦甜，只有自己知道。在常规经营之外，又要面对智能化、绿色化、精益化、民主化的时代新课题，常常是压力如山。但企业家从来敏锐顽强，越来越多的企业家正告别"股东至上""规模至上"，而更为关注企业的体质与持续性，向往并致力于打造"三好企业"。如果这种理念与行为蔚然成风，定会成为商业之幸、社会之福。

在这个美好远景的感召下，自2023年初起，我与同事夏昆辗转多地，搜集"三好企业"案例，访谈一线企业家，提炼和汇聚那些尊重人、解放人、激发人，认同利益相关者价值观、善将文化力转化为生产力的企业实例。历时两年成书，或许可算采花成蜜。

希望这本书对经营管理者、企业人及社会大众有所裨益。

目录
CONTENTS

前　言

第一部分　卖方好

第 1 章　豪迈
藏在小城里的隐形冠军　/ 2

第 2 章　荣泰
厕所里放意见箱，6 年干出 2 亿元，小作坊上演大逆袭　/ 17

第 3 章　德胜洋楼
食堂每年亏 200 万元，自掏腰包发养老金，这家公司怎么这么"傻"　/ 32

第 4 章　金晔
营收成倍增长，靠的是"傻"与"笨"　/ 55

第二部分　买方好

第 5 章　胖东来
　　被"封神"的背后，果然有"高人" / 76

第 6 章　比优特
　　年入超 50 亿元，从鹤岗走出来的隐形巨头 / 99

第 7 章　信誉楼
　　从县城卖场到创造百亿营收，靠"诚信"二字，缔造商业传奇 / 119

第三部分　世间好

第 8 章　九如城
　　扎根养老产业 15 年，做孝道的传播者 / 134

第 9 章　巴塔哥尼亚
　　自己向自己"征税"，把公司捐给地球，真酷 / 156

第 10 章　全食超市
　　"超市中的爱马仕"，贵得有理由 / 174

第 11 章　方太
　　如何从大迈向伟大？方太的良心和匠心 / 190

第 12 章　心连心
　　老板向员工行礼，免费给司机提供餐食，这家河南县城的龙头企业"真中" / 203

PART 1

第一部分

卖方好

第 1 章

豪迈：藏在小城里的隐形冠军

在山东高密，如果你问当地人他在哪里工作，很可能会听到"豪迈"这两个字。这家拥有 28 000 余名员工、5 个现代化园区、总资产 200 多亿元的企业，在高密乃至整个潍坊都有着响当当的名气。⊖

豪迈的行事作风略显"另类"，它几乎从不主动宣传自己，也极少接受外界媒体采访，被业内专家列入了中国最低调的公司群体之中。

豪迈是一家典型的"隐形冠军"级企业，拥有轮胎模具、气门芯等 5 个单项冠军产品，是工信部第一批制造业单项冠军示范企业。但很多人可能不知道，这家行业龙头在成立之初，只是一个负债 96 万元，仅有 34 名员工，在当地一个濒临破产倒闭的乡镇企业的维修车间里靠着零星加工来维持生存的小工厂。

⊖ 数据统计时间截至 2025 年初。

创立 30 年，豪迈上演了一场教科书式的逆袭。

2022 年 1 月，正和岛走访了豪迈，董事长张恭运从企业宗旨到经营理念，分享了豪迈近 30 年的成长之道。在通俗易懂的分享中，张恭运讲透了豪迈高速成长的底层逻辑。本文根据张恭运的发言整理而成，细细品读你会发现，豪迈果真"豪迈"。

负债经营，冒险生存，他干事创业只为一句话

没有太多的光环和离奇的境遇，张恭运是一个地地道道的农村孩子，用他自己的话来说就是，"上大学前没见过火车长什么样"。

在田间地头长大的张恭运不会讲太多"漂亮话"，仔细观察下来，他的身上有那么一点儿"土气""俗气"。但在某种意义上，也正是这种"土"与"俗"，让他对企业与人性有着更为深刻的理解和感悟。

1979 年，张恭运考入山东工学院（现已并入山东大学），学的是机械制造工艺与设备专业。毕业后，他响应国家号召，前往乌鲁木齐支边，在那边工作 5 年后回到老家高密。1995 年初，他和 3 位合伙人买下了当地一个濒临破产倒闭的乡镇企业的维修车间，正式开启了自己的创业生涯。

负债经营，冒险生存，这是张恭运创业初期的真实写照。

当时，这个维修车间价值100万元，但负债率高达96%。几个合伙人前前后后凑了4万块钱，在与银行协商后，他们将剩下的90余万元企业负债全部转为个人负债，最终才成功买下车间。当时也没有什么主打产品，据豪迈员工介绍，那时只要是跟铁沾边儿的活儿都干，那几年里，张恭运带领大家做模具、造车床，还给别人焊过大铁门。老一代的豪迈员工还记得，张恭运有一辆"洪都125"摩托车，那是全厂唯一的机动交通工具。

然而，最初的产品开发尝试大多未遂人愿，厂里面流传过这样一段顺口溜："炒锅炒翻了，榨油机榨干了，鞋模老师也蹽了。"

张恭运把创业之初的那段经历总结为"卑微"两个字，他对自己的创业初衷毫不掩饰：

"说实话，豪迈创建的初衷，真的没有多么高的境界，我们不是为了行业发展，不是为了技术进步，也不是为了税收和就业，这些可能是国家和社会层面上的讨论。豪迈的创建，只是为了让我们的员工能够实现自我价值，也就是我们的那句宗旨——努力把公司办成我和伙伴们干事创业的理想平台。"

什么是"干事创业的理想平台"？张恭运的解释依然很直白："今天比昨天好，明天比今天好，我们尽可能地比别人好。"张恭运说，对于企业的解释，他非常欣赏这样一句话："何为企业？就是一群人企图通过冒险来成就一番事业。"

为什么要做企业？这是一个没有标准答案的问题，但多数时候，成功者往往会对创业的初衷稍做美化，比如创造价值、享受过程、追求梦想等，而要在成功后直面内心，说出最真实的想法，这是很考验一个人品性的事情。

显然，农家出身的张恭运，一直保留着内心深处的那份质朴与坦诚。

一个细节是，直到今天，张恭运依然没有自己的司机、秘书、独立办公室，他常年穿着一套蓝色工装穿梭在各个车间中，外部来访者如果要找他，联系厂区门口的保安就行，保安可以直接给他打电话。

一路狂奔的两大"法宝"：创新与诚信

在谈及多项"世界冠军"的成就时，张恭运把豪迈高速成长的秘籍总结为两点，一是创新，二是诚信。

1. "改善即创新，人人皆可创新"

张恭运不认为创新是一个多么高大上的词。

"有人说，创新是国家繁荣和社会进步的不竭动力，我们可能没有这么大的抱负，对豪迈来说，创新是为了生存，为了发展，为了竞争，为了更好地活下来。"基于此，张恭运在豪迈提出了一个理念——"改善即创新，人人皆可创新"，指的是发动全体员工的智慧，哪怕只是优化一个环节、提升一个零部件的性能也可以视为创新。

在张恭运看来，创新没有门槛，今天改、明天改、月月改、年年改，日积月累，这些细微的改善终将引起质的变化。**所谓突破性创新，正是这些细小改善累积起来的结果。**

此外，创新也不单单局限在技术领域。在豪迈，把不合理的管理制度变为合理是创新，把劳动强度大的工作强度变小了是创新，把不美观的设计变美观了也是创新。比如，模具钳工对坐的凳子不满意，用下脚料制作了100个钳工专用的可旋转的小凳子，获得了1000元的创新奖；开电动车在厂内配送矿泉水的老大爷为了避免铁屑扎伤轮胎，在车上加装了"磁铁扫帚"，获得了创新奖金100元。

不难理解，张恭运要让各个部门、各个岗位都能实现力所能及的创新，也就是**从小处着手改善，让创新人人可为。**

值得一提的是，为了让创新真正落地，豪迈不设立绩效考核。在张恭运看来，如果把搞创新变成一个个具体的任务和指标，企业很容易形成弄虚作假之风。"本来一个三条腿的凳子,他为了创新做了个四条腿的,其他人看了又做了个五条腿的、六条腿的,这还能叫创新吗?这就变成了流于形式的应付,而非解决问题的创新。"

2."烧鸡事件"奠定诚信基石

豪迈曾发生过一次著名的"烧鸡事件",在当时引起了不小的轰动,也奠定了豪迈诚信文化建设的基石。

事情发生在豪迈成立还不满半年的时候。当时,张恭运派一名员工去买烧鸡,准备招待即将来访的客户。结果,这名员工买了一只14块钱的烧鸡,回来后却报了17块钱的账。事发后,张恭运坚决辞退了这名员工。

有人劝他,企业刚办起来,就3块钱,犯不着动这么大的阵仗。张恭运回答道:"14块钱他就多报了3块,如果让他负责10万元、100万元的工作又会怎样?虽说3块钱不多,但这意味着欺骗,意味着盗窃,意味着背叛!从做人的性质上讲,跟这样的人就没有合伙、合作的空间!"

此后,"烧鸡事件"还被改编为一首打油诗,挂在了豪迈的文化墙上,诗是这么写的:"主管待客我买鸡,多报三元笑眯眯,事发被炒悔有余,公司伙伴不可欺。"

极为重视人品是张恭运非常鲜明的一个特质。在他眼里，创新上的失败可以宽容，工作上的失误也要具体问题具体分析，但诚信是使员工感到快乐、放松和高效的前提，是不可触碰的红线。他把和不诚信的人一起工作看作自取其辱，"别人算计你、耍弄你、欺骗你、坑你是一件令人恐惧，让人睡不安稳的事情"。

多年的诚信建设也的确让豪迈受益良多。比如，豪迈不提倡"义务劳动"，员工的出差费、加班费、电话费、私车公用费均可自主填报、报销；此外，办公室和车间的设备箱不上锁，也不设立所谓的"监督管理委员会"搞纪检制度，这节省了一大笔管理费用。

所以，在谈及诚信这一话题时，张恭运笑称："豪迈的年轻小伙总是深得丈母娘的喜欢，第一，他不傻不笨，第二，他为人实在，讲诚信，公司已经给他们做过一次'政审'了。"

对于发奖，老板要多向幼儿园老师学习

美国心理学家斯金纳有句名言："受到惩罚的人不会因此减少做出某种行为的次数，顶多是学到如何避免惩罚。"其研究结果显示，一再强调惩罚，通常是极为愚蠢的管理战略，不仅难以取得效果，还会让员工行为混乱，不听指挥。而正面激励，却会让人朝着理想的方向改进。

张恭运可谓深谙此道，"买电脑，奖钦峰"的故事就是一个很好的例证。

1998年，还是基层员工的王钦峰边干边学，成功设计了"电火花防弧电路"，破解了电火花机床长久以来的烧结难题，公司认为这是"在关键时期发挥了关键作用"，奖励了王钦峰一台7000块钱的电脑。在当时，7000块钱相当于王钦峰一年的工资，这台电脑也是整个豪迈集团的第一台电脑。

当然，豪迈的奖励制度并不只考虑奖品的价值，张恭运的理念是，**让得奖的人高兴就行**。这些年，豪迈颁发的奖品堪称"五花八门"，奖饭票、奖旅游、奖一箱水果等。张恭运认为，奖品不论大小，重要的是要让员工产生成就感和满足感，要让员工知道，公司能看见自己的贡献。

这一点让笔者不由得想起福克斯波罗公司（Foxboro）那个著名的"金香蕉"奖的故事。

福克斯波罗公司在创业初期面临技术突破的难题。一天晚上，一位研发人员拿着成功的产品原型冲到总裁办公室，总裁对这个杰出的解决方案感到惊讶不已，心里想着应该如何予以奖励。他弯下腰，在办公室的抽屉里摸来摸去，终于抓到一样东西，便躬身把这样东西交给研发人员，说："伙计，给你！"他手里抓着的是一根香蕉，这是他当时唯一能够找到的奖励。此后，福克斯波罗公司便设立了一个"金香蕉奖"作为公司在研发成就方面的最高奖项，奖品是一只纯金的香蕉形胸针。㊀

其实，无论是奖励还是惩罚，考验的无非是对人性的理解和把握。张恭运说，在这方面，老板要多向幼儿园老师学习，"在幼儿园里，如果老师给孩子手上盖上一个小红花印章，孩子回家都舍不得洗，为什么？因为这是他通过好的表现换来的，回到家里你给他再多，他都不稀罕，意义是不一样的"。

通过利益、事业、精神打造豪迈的"三体"

与刘慈欣的《三体》不同，豪迈的"三体"不是一个科幻故事，而是指向企业的治理结构——利益共同体、事业共同体和精神共同体，这三大共同体堪称豪迈高速成长的"秘密武器"。

1. 利益共同体

构建利益共同体比较好理解，简单来说就是企业赚钱大家分。

对基层员工而言，最主要的利益分配途径就是工资。基于此，

㊀ 彼得斯，沃特曼. 追求卓越 [M]. 北京：中信出版社，2012.

2012年开始，豪迈每年都会设置一个年度薪资上涨计划，员工工资基本保持着每年12%～20%的增幅。公司两轮"工资翻番"计划均已实现，2021年又提出新一轮"6年工资倍增"计划。核心骨干员工则采用股权激励机制，2000年，豪迈进行了股权机制改革，持续吸纳骨干员工入股，为合格、优秀的员工按比例配股。

这意味着，只要一个员工足够优秀，符合股东评价标准，无论他年龄多大、处于什么岗位、拥有什么学历，都有机会成为公司股东。目前，豪迈持股员工已达4000余人。

此外，豪迈还极为重视企业配套设施的建设，先后建设了3处住宅小区，创办了2所幼儿园、2所小学、1所初中、1所高中、1所职校，还创建了2个俱乐部、2个亲子园和1所医院。⊖这么做是为了解决员工的后顾之忧，让他们能够安心工作。考虑到身为独生子女的员工的父母和退休员工的养老问题，豪迈还在筹备建设养老院。

从长效激励到人文关怀，豪迈通过利益共同体将企业利益和员工利益深深地连在了一起，建立了牢不可破的"人心长城"。

2. 事业共同体

构建事业共同体，是要让所有员工都能在企业里找到成就感。

⊖ 数据统计时间截至2025年初。

事业不应只是老板的事业，也应是全体员工的事业。在这方面，张恭运把建设的重点放在了给予员工尊严和快乐上。用他的话来说就是："不要以为别人给六千块钱，你给七八千乃至一万块钱，就可以对底下的人颐指气使，就可以随便骂啊、训啊，觉得他为了钱舍不得辞职，我觉得这样的人是不善良的。"

张恭运对管理层的要求是，员工工资要略高于同行，还要给予他们充分的尊重和友善，他有着三点较为独特的理念。**第一，员工的热情是企业最好的"风水"**。每个人都有创新创业的热情和潜能，只要注意保护和培养，平民就会变英雄，外行就会变专家。**第二，优秀的员工一定要靠自己来培养**。千万别瞧不起自己的员工，总觉得"别人家的媳妇好"是一件很麻烦的事。多年来，在一些重要岗位的人员任用上，豪迈坚持以内部选拔为主，向骨干和优秀员工开放上升通道，为他们提供更多的机会。**第三，激发员工的智慧是投入产出比最高的生意**。企业要形成"为解决问题而工作，因问题解决而快乐"的氛围，如果员工爱上了工作，他在业余时间里也会不断地琢磨改善和创新。对企业来说，这样的投入产出比是非常划算的。

3. 精神共同体

构建精神共同体，是要在企业内部塑造共同的价值观。

在张恭运看来，价值观的冲突是一切矛盾的根源，他用研发、销售和生产三种角色做了一个很形象的描述。

"一个产品赚钱了,搞研发的说,钱都是他们赚的,他们的技术很关键;搞销售的说,产品都是他们卖出去的,粮食都是他们打的;搞生产的听完怒了,说别人就是画画图纸、动动嘴皮子,活儿都是他们干的。大家想想,如果一家公司里不同岗位的员工互相争功甚至彼此瞧不起,这家公司会好吗?价值观的统一真的是非常重要的一件事。"

所以,张恭运认为,"价值观的统一和游戏规则的制定"是管理者必须下功夫做好的两项工作。

管理者要通过价值观的统一,实现利出一孔;通过游戏规则的制定,让价值观落地和固化。当然,这个游戏规则一定是符合人性且便于执行的,正如张恭运所言:"制定游戏规则是一个需要高智慧的活儿,必须好操作、低成本,游戏规则可能还需要一点趣味性,搞得太复杂反而容易适得其反。"

结语:经营人心,管理人性,平衡人情

有人说,管理公司无非做好三件事,**经营人心,管理人性,平衡人情**。不难发现,豪迈的很多理念和措施,正是这三件事的典型表现。

首先是经营人心。所谓"上下同欲者胜,同舟共济者赢",要想

打造"人心齐，泰山移"的团队，一个最基本的前提是让员工的心安稳下来。可以看到，为了消解员工的后顾之忧，豪迈在员工关怀上可谓下足了功夫，不仅解决子女住房、教育和医疗问题，甚至还考虑到了员工父母和退休员工的养老问题，准备筹建养老院。豪迈帮员工扛下住房、教育、医疗、养老的压力，在这样的企业工作，至少不会受太多让人分心的事的打扰。

其次是管理人性。人都是趋利避害的，都喜欢表扬、厌恶批评。张恭运对这一点的理解不可谓不深刻。大到电脑，小到水果，豪迈大大小小的奖励其实就是在激发员工善的一面，也就是那份改善和创新的热情，这种方式远比冷冰冰的考核有效得多。当然，没有规矩不成方圆，对于人性中的恶，豪迈则坚守诚信这道红线，一旦触碰便无回旋余地。

最后是平衡人情。这指的是管理者要懂得人之所需，为骨干和优秀员工提供更多的资源和机会，以满足他们对工作的更高期望。多年来，豪迈坚持从内部选拔人才，这就是在做平衡人情的工作。

说到底，经营公司其实就是经营人，离不开对人心与人性的把握，在这一点上，豪迈的做法很值得企业界学习和思考一番。

延伸阅读

张恭运的商业理念

01.
何为企业？就是一群人企图通过冒险来成就一番事业。

02.
员工的热情是企业最好的"风水"。不为员工着想的老板，不是糊涂就是坏。

03.
做企业绝不能搞破釜沉舟、背水一战的事情，决策者更不能做"不成功便成仁"的赌徒。

04.
千万别瞧不起自己的员工，总觉得"别人家的媳妇好"是一件很麻烦的事。

05.
我们不管员工学历如何、阅历如何，能解决问题的就是人才，我们要大张旗鼓地宣传这个观点。

06.
干什么学什么，缺什么补什么，做什么悟什么。

07.
改善即创新，人人皆可创新，时时皆可创新。

08.
我认为奖金不在于多少，也不要奖得那么严肃、那么认真。最重要的还是要让创新者本人高兴，让周围的人羡慕，这样发奖的效果就很好了。

09.
一个创新性的东西怎么可能万无一失呢？要想万无一失，最好的办法就是不干，不干最能保证万无一失。

10.
我觉得做企业和做人是一样的，给别人信心就是给自己机会。

第 2 章

荣泰：厕所里放意见箱，6 年干出 2 亿元，小作坊上演大逆袭

在 2021 年末和 2022 年初，正和岛"案例探访"团队两度参访位于山东潍坊高密的"隐形冠军"企业——豪迈。对于豪迈实现蝶变与腾飞的原因，董事长张恭运归结为诚信与创新这两大"法宝"。为了进一步理解其诚信和创新文化是如何在企业中落地并带来肉眼可见的改变的，2023 年 9 月，笔者走进了豪迈的控股公司——荣泰（全称山东荣泰感应科技有限公司）。

"嫁入"豪迈 7 年，荣泰不仅实现了从 3000 万元到 2 亿元的产值飞跃，连年保持 25% 以上的发展增速，还建立了行业最大规模的研发中心和全球最大的全熔炼中频熔化炉，整个企业和员工的面貌焕然一新。

荣泰发生了什么？它与豪迈之间有着怎样的情感联系？豪迈的文化理念是如何在一个问题重重的企业里落地生根的？带着这份好奇，笔者走进了荣泰，见证了一场充满信任、真诚和感动的"姻缘"故事。

荣泰与豪迈的"姻缘"

先来聊聊荣泰这家企业,不得不说,它的背景故事确实有点不寻常。

1997年,荣泰在潍坊成立,是山东省第一家生产电炉的企业,创始人是褚荣祥。后来,荣泰又相继推出了有色金属熔化炉、中频感应加热炉和中频感应熔化炉等设备,像平时用到的轴承、板材和金属管都离不开中频熔化炉的加工。

整体来看,荣泰早些年的发展算是有条不紊,也逐渐在行业里打出了些名声,变化出现在2009年。

这一年,董事长褚荣祥对公司的管控开始减少,荣泰的经营大多由管理层直接负责。但企业家从来都是企业的灵魂,缺少了灵魂,荣泰渐渐陷入一种混乱的状态。

到了2015年,荣泰的年营收从5年前的七八千万元降到了3000万元,团队流失率达到了惊人的50%,整个潍坊的电炉企业几乎都有荣泰流失的骨干员工和技术人员跳槽过来,荣泰高薪聘请的职业经理人也在半年后主动请辞……无奈之下,管理团队拨通了褚荣祥的电话:"褚董,您快回来吧,再不回来公司就倒闭了。"

2016年，褚荣祥从外地回来后，对荣泰做出了一些调整，但那颗避世的心已不可改变。同年9月，潍坊市科技局组织当地制造企业参观豪迈，荣泰也在这批参访企业当中。

当了解到豪迈董事长张恭运"努力把公司办成我和伙伴们干事创业的理想平台"的创业初衷，以及豪迈随处可见的"给别人信心就是给自己机会""有用就是人才，人人皆可成才，人人尽显其才"的文化理念时，褚荣祥深受触动。他想把荣泰的百余号员工托付给一个能为员工着想、值得员工信任的企业，当即决定将荣泰"嫁给"豪迈。

但起初豪迈并购荣泰的意愿并不强烈，因为背后存在"三不"难题，即产品不熟悉、技术不了解、市场不清楚，所以张恭运并没有直接答应下来。后来褚荣祥又多次找到张恭运，最后直接撂下一句话："张董，这个公司你要也得要，不要也得要，今天就是送我也要送给你。"

彼时，荣泰有3000多万元净资产，在银行也没有什么贷款，转让能获得一个不错的价格，但褚荣祥最终决定，只要豪迈肯并购，可以将荣泰折价到1000万元。

这份真诚打动了张恭运，在张恭运看来，这代表着他人对自己的信任，更重要的是，如果不是为员工着想，褚荣祥完全可以把公司卖出更好的价格，这份初心，他不想辜负。于是，2017年7月，豪迈正式成为荣泰的控股股东，全面接管荣泰的经营事宜，可由谁来迎娶这位"新媳妇"呢？

张恭运盯上了有着18年工龄的老员工邱宪路。

"任何分公司都可以关门，唯独荣泰不行"

邱宪路早在1999年就加入了豪迈，多年的历练下，已任至豪迈销售部长，管理公司全球销售事宜。找到邱宪路后，张恭运给他提了四点要求：

- 第一，没有业绩指标。
- 第二，没有利润指标。
- 第三，努力把荣泰带入中国乃至世界一流品牌集团。
- 第四，让员工找到安全感和快乐。

此外，张恭运还说了一句让邱宪路既有压力又充满动力的话："老邱，你记住，豪迈的任何分公司都可以关门，唯独荣泰不行，因为这是别人托付给我们的。"

刚接手荣泰时，邱宪路是"心慌"的。因为荣泰当时陷入了一个"怪圈"——骨干员工不断流失导致产品质量不稳定且拖期严重，随即导致客户投诉乃至退货，员工收入因此受到影响，于是又一批骨干员工提出离职……

就这样，企业不断招聘新人，老员工又不断流失，等邱宪路到荣泰时，厂里107名员工中有一半人的工龄不到一年，很多人甚至连产品的正反面都分不出来。见此，邱宪路不禁感慨："在豪迈待了18年也没觉得有啥，来到荣泰一周后再回豪迈见董事长时，就像孩子见到父母一样，觉得豪迈是那么好。"

但问题终归要解决，怎么办呢？邱宪路干了几件极具豪迈特色的事，我们可以通过3个事例来感受一下。

1. 自己的工资自己定

在邱宪路看来，在员工流失率如此高的情况下，如果再调入更多的豪迈员工，势必会引起荣泰老员工们新一轮的人心变动，荣泰的核心问题不是员工不够好，而是他们缺乏归属感和安全感。因此，邱宪路要起用原班人马。

"当时荣泰的工资是按照企业利润的高低来发放，多的时候一个月有七八千块，少的时候几百块，很多员工和我说，'邱总，工资浮动太大了，我们不敢买房子，不敢生孩子'。"

在这一问题上，邱宪路的做法可谓"天方夜谭"。

他让员工自行申报工资，觉得自己干出了多大价值、应该挣多少钱，就填多少钱，公司就按照员工定的标准，按照固定工资制开工资，员工不用担心少发钱。

第二天统计申报表时，邱宪路发现，绝大多数员工自己定的薪资都在合理范围之内，有四位员工甚至还主动降了工资，他们说公司被豪迈控股了，肯定会发展好，自己也喜欢这个岗位，想降薪留在这里。

邱宪路向员工解释道，申报不是为了降大家的工资，而是希望大家的工作量和工作能力与工资相匹配，只要多干活、多创造业绩，就能多赚钱。随后，邱宪路将这四名员工的工资调回到之前的标准。

等到发薪日，所有人都沸腾了，说邱总没骗人，真的按大家自己定的工资发了。最后统计下来，荣泰员工工资整体上涨了16%。

2. 摄像头不能拍到意见箱

为了了解员工的真实想法——主要是员工迫切想知道却又不好意思直接开口问的问题，邱宪路设置了几个绿箱子。

上至公司战略、未来规划，下至食堂饭菜、工资待遇，或者心里的委屈、对公司不满意的地方，都可以写在纸上，然后投进箱子。

邱宪路每周四开箱，周五早上当着所有员工的面一一回复，绝不回避。但他特别强调了一点，箱子一定要放在茶水间和厕所等没有摄像头的地方，否则就会沦为摆设。果然，很快就有一个非常尖锐的问题给到邱宪路。

"邱总，我看到你在食堂吃饭不刷卡，这是不是总经理的特权啊？"

邱宪路回复道，不是他不刷卡，而是因为他既有荣泰的饭卡，也有豪迈的饭卡，再加上时常出差和陪客户，方便起见，他就把自己的饭卡放到了食堂管理员那里，每次吃饭由管理员来刷卡。随后，邱宪路将自己的缴费和刷卡记录公布了出来，疑问就此打消。

这些绿箱子原来每周都会收到 3～5 封信，现在几乎一封信都没有了，邱宪路对此感到开心，他更高兴的是，绿箱子发挥了应有的作用。

3. 安空调，装 Wi-Fi——"我的员工是老大"

在豪迈，给予员工尊严和快乐一直都是张恭运关注的重点，他的一句名言是："不要以为别人给六千块钱，你给七八千乃至一万块钱，就可以对底下的人颐指气使，就可以随便骂啊、训啊，觉得他为了钱舍不得辞职，我觉得这样的人是不善良的。"

这些年来，邱宪路对此深有感受，所以他一直都想尽快将豪迈这种"享自尊，得关爱"的氛围复制到荣泰。一天，他找到了契机。在听人力资源部长汇报时，邱宪路发现了一个问题：以前为了节省成本，荣泰的员工宿舍并没有安装空调，炎炎夏日，不少员工热得睡不着觉，凌晨一两点还在外面乘凉。闻此，邱宪路立刻决定把所有员工宿舍的空调安装好，不仅要安空调，还要安电视，装 Wi-Fi，全面提升宿舍标准。

人力资源部长不解地问道："改造宿舍后成本会直线上升，公司负担会加重，但如果突然收费，员工会不会觉得不舒服？"

邱宪路没有直接回答，而是反问了几个问题："员工现在热得睡不着，我们作为管理者，是否应当主动关心并解决？免费住宿是不是一种福利？什么是福利？福利发放的原则是什么？员工心里不舒服，我们是否可以考虑弥补？怎么弥补？"

没多久，邱宪路又把自己的办公室搬到员工视线内的一层接待室里，哪怕是在接待客户或者政府人员时，员工也可以直接进门找他签字，用他的话来说就是：**"我的员工是老大，你们不是。"**

本章开头谈到，诚信是豪迈实现蝶变和腾飞的一大"法宝"，不难发现，邱宪路所做的这一切其实就是在为荣泰的诚信文化奠基。只不过与常规做法不同，他不是贴标语、喊口号，也没有设下规章制度强制大家遵守，而是用切实的行动让员工先感受到自己和豪迈的那份真诚。

他传达的理念是："豪迈是一家诚信的公司，我们会对你们负责，我们也兑现了自己的承诺，所以我们希望你们也能诚信地对待公司，努力工作，认真负责，然后获得可观的回报。"

在谈到这些管理举措时，邱宪路还说了一句看似随意却饱含哲理的话："我对技术不懂，对采购不懂，对质量也不懂，我就管管食堂和厕所。因为我们的采购部长能力比我强，销售部长能力也比我强，技术部长能力更比我强，所以说我只能管他们管不了的。"这句话值得所有管理者细细品味。

"我的爸爸是三好学生"

再聊聊豪迈的另一大"法宝"——创新。

相较于创新成果的大小，张恭运更注重的其实是创新背后的理念。什么理念呢？可以总结为两个关键词，一是好玩，二是宽容。

好玩指的是不要把创新搞成绩效考核，不能以数学公式来衡量达到什么样的标准才算创新,那就太僵化了。重要的是把各种各样的奖励及时给到创新者,让他们感到开心、快乐,从而培育起鼓励创新的氛围。比如,在奖品的设置上,豪迈不局限于现金和饭票,奖一箱水果或者奖一次全家游都可以,只要能让创新者感受到公司对他的认可和关注,奖什么都行。

宽容则是指要以一种豁达的态度来看待创新上的失败,尤其要杜绝对那些失败的创新者冷嘲热讽。在张恭运看来,这比奖励更重要,用他的话来说就是:"一旦发生'不宽容创新失败'的事情,对创新者的打击、对环境的伤害是毁灭性的——人们会严厉地告诫后来者'创新风险很大,成功了好处不多,失败了代价巨大'。"

邱宪路深得豪迈创新理念的精髓,在荣泰的企业文化中融入很多鼓励创新的"小心思"。

比如,哪个班的产量提升了,干得比之前好了,班组成员一人奖励一只高密烧鸡,但这个烧鸡不能在公司吃,必须拿回家和家人分享。还有园区内随处可见的"标兵车位",成为创新标兵就有一个专属的车位,后方标识牌上还会印上车主的名字。别小看这些小奖励,它们在鼓励创新上的效果堪称立竿见影。

以烧鸡为例,一位荣泰员工就说道:"不创新就没有烧鸡,家人就会问怎么好久没见你拿烧鸡回来了。都没办法和家人交代。"

最令笔者感动的是王振彦师傅的故事,相信透过这个故事,你一定会对荣泰鼓励创新背后的那份温暖和善意有更深的感触。

王师傅加入荣泰有10多年的时间了,是一名电焊工,家里有3个孩子。一天,上幼儿园的老大突然问他:"我同学的爸爸有当老板的,还有当官的,爸爸你是干什么的呀?"王师傅初中毕业后就踏入社会,早些年也没看到自己的价值,再加上不善言辞,便沉着脸说道:"好好上你的学就行了,你问这干啥,又没缺你饭吃。"

我们完全可以理解王师傅的心情。毕竟,和其他小朋友的爸爸相比,他对自己的岗位和职业是有一些自卑的,张不开口和孩子说自己就是个电焊工,是个打工的,这关乎一个男人的自尊心。

等到家里老二上学的时候,荣泰开始由豪迈控股,紧接着便开展了创新改善活动,王师傅虽然平时不爱说话,但酷爱钻研,琢磨出的新点子很快就被公司采纳了,连续3个月获得了创新提案的前3名。

他自己倒是没在意,只觉得能把工作中不顺畅的地方提出来,公司还给解决,这就挺好了。公司决定给他一个大奖,不久后,他收到了公司发来的邀请函,邀请他带着家人参观园区,与总经理共同进餐,然后再一起种下一棵柿子树。在荣泰,种下的柿子树归获奖者终身所有。

回家后,王师傅有点别扭地把邀请函给了媳妇,因为他的内心很忐忑,"爸爸是干什么的"这个秘密可能要藏不住了。

来到荣泰后,孩子们都很兴奋,一家人参观了车间,听了公司的发展情况,以及对每个获奖师傅的工作岗位的逐一介绍,然后一起开开心心地把树种了下去。王师傅细心观察着,整个过程中,孩子们并没有表现出对爸爸工作岗位的失望,但他也不知道孩子心里到底是怎么想的。

晚上回家后,媳妇做了一桌丰盛的饭菜,饭桌上,老二突然说:"爸爸我知道你是干什么的了。"王师傅心里咯噔一下,这十几年的秘密藏不住了,终于要在孩子们面前承认自己是个电焊工了。可孩子接下来的话却让他瞬间落泪。

"爸爸,你是你们公司的三好学生,大家都给你鼓掌,你可真棒,我以后也要好好学习,当三好学生。"

王师傅坦言,作为家里的顶梁柱,这么多年再难再累自己都没哭过，但孩子的这番话让他真的止不住眼泪。从那一刻起，他觉得自己虽然只是个电焊工，但一点儿也不丢人，电焊工也能干出成绩来。

后来，他在孩子们面前再也不避讳自己的职业了，会跟他们说："你们的爸爸就是个烧电焊的，但烧电焊也能烧得很棒，所以你们以后不管干啥，只要能干得很棒就行了。"而今，王师傅已经成为荣泰的股东，享有分红等股东权益。

发现没？豪迈和荣泰的这种创新激励是不是很不一般？看似都是一些微不足道的小奖励，却能真正奖到员工的心坎儿里。

一定会有人觉得，这种奖励机制很像是在哄小朋友——给块糖、颁个奖状、上台表扬，小朋友就会很高兴，就会认为之前做的事是对的，是能得到认可和鼓励的，以后还要这么做。小朋友需要这种奖励和鼓励，"大朋友"难道就不需要了吗？

结语：说人话、办人事、有人味

往深处看，无论是诚信的建设还是创新的落地，邱宪路做的最主要的事情，其实就是将豪迈集团那股浓浓的"人味儿"移植到了荣泰。

所谓管理，无非是通过他人来达成目标。

诚信是人的诚信，创新是人的创新，事情都是人干的。显然，豪迈和荣泰所做的，就是通过各种温暖人心、激人奋进的举措把人的潜能充分激发出来，这既是企业管理的起点，也是企业管理的全部。

正如中国中化原董事长宁高宁所说："'人'在管理学中是一种'假设'，是所有其他管理行为的前提。但这个假设往往不存在，这是最简单、再严重不过的错误。"而且，不得不说的是，无论是张恭运还是邱宪路，他们对人性的理解和把握的确都处在一种非常高的境界。

有人将人性比作一个双面皮囊，一面是善，慷慨、守信、利他，一面是恶，自私、贪婪、诡诈。没有几个人能做到纯粹的善，更多的时候，我们都是在尽力放大善的一面，竭力压制恶的一面。

企业自然都希望员工能把善的一面展现出来，并为此在流程制度上下了不少功夫，但从最终的结果来看，往往不尽如人意。核心问题或许还是出在方式上。

诚然，靠强制或惩罚或许也能实现企业想要的善，但这会让员工感到被控制、难受,时间久了,大家表面上维持着善,心底里滋生的却很可能是恶。而豪迈和荣泰,将心比心,从善的一面引导,顺着员工的喜好和心意来,把奖励放在惩戒之上,让一股股暖流在员工心中流淌,如此,才能开出那朵不败的善意之花。

一句话,为人要学会说人话、办人事、有人味,企业亦然。

第 3 章

德胜洋楼：食堂每年亏 200 万元，自掏腰包发养老金，这家公司怎么这么"傻"

这几年，借着工作的机会，笔者走访过的企业，采访过的企业家，不说上百个，大几十个还是有的。企业里形形色色的人接触过不少，听过的故事也不少，自认为也算是略懂点儿商业门道。但是，有一家企业却让笔者深深地陷入自我怀疑，一度体会到了什么叫"认知崩塌"。

为什么呢？因为这家企业的做法与笔者过往积累的那些所谓的"经营秘诀""管理之道"和"商业定律"很多都不相符，甚至完全是背道而驰的。这让笔者越想越"矛盾"，从常理来看，它做的很多事情根本就说不通，举几个例子。

比如，它有 1000 多名员工，但高管加起来也就十几人，销售人员更是只有 1 位。这里你可能就要问了，一个人怎么可能忙得过来？没错，忙不过来他就有权决定哪些单子不接了，至于怎么拿下客户，

第 3 章 德胜洋楼：食堂每年亏 200 万元，自掏腰包发养老金，这家公司怎么这么"傻"

那不是他需要考虑的事。因为公司的业务都是客户主动找过来的，订单多到排到一两年后都很正常。

再比如，无论员工关系好坏，大多企业至少在明面上还是会说"我们以人为本，我们包容员工，我们努力给员工创造家一般的归属感"，但它不是，它"诚实"得可怕——公司内部直接明确了一条共识："员工不是企业的主人，企业和员工就是雇用和被雇用的关系，如果员工是主人了，企业就不能把他解聘了。"

道理确实是这么个道理，但能如此直白地说出来的企业却少之又少。重点来了，即便劳资关系看起来如此"冷漠"，**但多年来，它的员工流失率却近乎为零。**

此外，从 1997 年成立至今，它没有发生过一起劳资纠纷事件，不需要进行社会招聘，靠内部推荐和企业自办的学校就完全可以满足用人需求。

还有，从年营业额来看，它绝对算不上什么高知名度的大企业，一年营业额只 6 个亿左右，但它却被哈佛大学、耶鲁大学、北京大学、清华大学等 20 多所知名院校列为优秀的 MBA 或 EMBA 教学案例。

不卖关子了，这家企业就是德胜洋楼。德胜洋楼总部位于苏州，以美制木结构住宅及公用建筑建造为主营业务，目前在这一领域占据了全国 75% 以上的市场份额，堪称一枝独秀。而令外界津津乐道的，除了我们刚刚提到的这些"矛盾"之外，还有德胜洋楼那诸多"逆商业"的规定和现象，比如：

- 员工上班不打卡，报销不需要领导签字，可以请 1～3 年长假出去闯荡，并且保留职位。
- 坚持"以能定产"，如果保证不了建筑质量，无论订单大小，一律推掉。
- 不管何种岗位，也不管学历高低，入职后都要先去物业打扫 3 个月卫生。管理层实行轮岗制，且每月都要抽出一天时间去工地劳动或者在园区扫地。

如此种种，不胜枚举。

这就引起了笔者的强烈好奇，一家不能称之为大企业的企业，怎么就敢做一众大企业都没去做的事？德胜洋楼一系列"逆商业"操作的背后，到底有着怎样的真实想法？它又是靠什么将这些看似不可能的事情坚持下来的？

为了修复"崩塌的认知"，也为了解开心中这一系列疑团，笔者联系到了德胜洋楼企业文化中心的创始总经理赵雷，并与其深入交流了一番。随着答案的逐一揭晓，笔者不禁感慨，德胜洋楼或许真的是独一无二的存在。

缔造者是何许人也

我们说，企业是企业家的一面镜子，企业家是怎样的一个人，企业就会成长为怎样的一种形态，聊企业不能不提背后的缔造者。

德胜洋楼的创始人名为聂圣哲，1965年出生于安徽休宁，父亲是水利专家，但英年早逝。此后，一家人靠母亲务农为生，日子不可谓不辛苦，据说读到中学时他的袜子都还凑不成一对。

农村的成长经历对他产生了不可磨灭的影响，乃至决定了他后来做企业过程中的一系列"反常"操作。农村的成长经历对他的影响可以总结为两点。

第一，从小看着农民们日复一日地辛勤劳作，聂圣哲对劳动这件事本身有着特别的情感。如其所言："我希望大家从不劳而获的思维方式中走出来，变成一个劳动的敬畏者。"

第二，聂圣哲对农民这一群体也有着特殊的使命感，在他看来，农民的面貌不应该是很多人刻板印象中的"没文化，素质低"。他给自己立下了一个目标——**"让农民工成为优秀的产业工人和君子"**，不得不说，他确实做到了，这点我们后面会聊到。

"家虽贫，学不辍。"1981年，勤奋好学的聂圣哲以优异的成绩考入四川大学化学系，毕业后在安徽大学担任教师。90年代，他又去美国读博深造，一段创业之旅也就此拉开帷幕。到美国后，他一边上学，一边当导游，一边结交各路朋友，在华人圈里逐渐树立起了很好的口碑，对当地的大事小事多少都有一些了解。

当时，河北的一家国营食品厂需要采购一套美国的食品加工设备，可厂长和一众技术人员到美国后却犯了难。国家批的采购资金是200万美元，一打听才知道，一套全新的设备需要1200万美元。即便去除相关的辅助设备，最低也要800万美元，比手头上的预算整整多了3倍。

当年，国家公职人员出一趟国可不是件小事，经费本就紧张，如果再完不成工作，那真的是没办法交差，所以每个人都背负着很大的压力。在得知这一消息后，聂圣哲很快采取了行动。

他开始在各大报纸上搜寻出售食品加工设备的广告，没多久还真找到了一家肯便宜卖设备的厂家，当然，卖的是二手设备。

在和国内的食品厂厂长沟通后，聂圣哲得到了肯定的回答——二手的也没关系，只要能正常使用且价格不超过200万美元，就可以出资购买，最重要的是一定要拿到这套设备。于是，聂圣哲马不停蹄地跑到了厂家，准备将设备收入囊中。但此时，又一个难题出现了。

见聂圣哲对这套设备如此看重，厂家耍起了小心思，只给折新设备一半的价格，也就是600万美元。显然，钱还是不够。聂圣哲不死心，继续和对方谈判。

"那好，其他一切辅助设备我都不要，就要这一台主机，你给个最低价格。如果你还漫天要价，我现在就去找别人。"见此，对方交了底，140万美元可以把主机拿走。就这样，设备顺利地交付给了食品厂，大功告成。

注意，这里面有一个细节，就是食品厂方面并不知道聂圣哲到底是用多少钱谈下的这笔单子，只知道能用200万美元买下这套设备。如果聂圣哲说就是200万美元谈下来的，那中间这60万美元的差价他就可以通过一些手段悄悄地"吃掉"。

但聂圣哲没有这么做，在和厂长的沟通中，他坦诚地说道："这笔单子我最后是用140万美元谈下来的，如果您方便的话，就给我一点辛苦费，不方便也没关系，权当和您交个朋友了。"

这让厂长既震撼又感动，这么一大笔钱，这个人竟然一分钱都没多要，实在难得。于是，在和上级请示后，食品厂与聂圣哲又签订了一份合同，这60万美元就算作聂圣哲的劳动报酬，旨在鼓励海外同胞帮助国家解决难题的这种精神。

这60万美元成为聂圣哲靠诚实赚来的第一桶金，也是德胜洋楼的创业资金。此后，他也把诚实二字写入了德胜洋楼的价值观（"诚实、勤劳、有爱心、不走捷径"），并沿用至今。

不懂"人情世故"，开除熟人子女

接下来，笔者将逐一解开前文提到的几个谜团。比如，德胜洋楼凭什么靠一个销售人员就能让客户主动找过来，甚至排队等待。分析下来，这要归因于其严格的质量和管理标准。

在施工质量方面，德胜洋楼有一个重要方针——**"质量是道德，质量是修养，质量是对客户的尊重"**，德胜洋楼对产品的态度，可以用"偏执"二字来形容。

比如，德胜洋楼所造的房屋中，所有拧好的十字螺丝钉的凹槽必须呈现出一个端正的"十"字，绝不能是歪的"十"字。所有插座上的一字螺丝钉凹槽也都必须整齐地呈"一"字排列，不能有歪斜。再比如，所有建筑工人人手一本80页的《美制轻型木结构操作规程细则》，其中对每一个工作环节都逐一做了非常详细的规定，连洗马桶都有标准化的 6 道程序。

此外，所有施工项目都由公司的固定技术人员进行施工，任何项目或子项目绝不向外分包，主要建筑材料均进口自美国和加拿大，承诺"质保 70 年，使用 100 年"。

说到这里，可能有人要问了，在到处是"猫儿腻"的建筑行业，这么高的标准，真的能实现吗？又怎么实现呢？答案是肯定的，靠的是员工对劳动精神的极致贯彻。

前面讲到，聂圣哲对劳动这件事本身有着特殊的情感，所以德胜洋楼明确规定，所有员工在工作时间必须满负荷工作，工作期间不能谈论与工作无关的话题，不能哼歌或者吹口哨，更不允许"磨洋工"，违者每次罚款 100 元。

另外，所有人必须随身携带工牌、笔记本和笔。任何人接到客户提出的问题，无论是不是自己的分内事，都必须写下来，第一时间告知相关人员。看到或想到公司的什么问题，都要及时记录并转告相关人员。忘带这三样东西也会受到处罚。

聂圣哲在一些细节上的要求，更是让人感到"匪夷所思"。比如，如果客户家里有猫，员工要主动给猫穿上生理裤，防止施工时猫跑到外面和野猫交配，给客户带来不必要的麻烦。如果执行不到位，同样视作违规。

赵雷说，德胜洋楼就是要让员工在心里牢牢记住一句话："我实在没有大的本事，但我有认真工作的态度。"

可以说，这是德胜洋楼的一条红线，无论是谁，无论之前做过多大的贡献，如果工作态度不端正，那就要走人。想来，这也是德胜洋楼提出"员工不是企业的主人"的原因所在。

这方面，赵雷给笔者讲了一个真实的故事。

为了把这些工作要求落实下去，德胜洋楼专门设置了督察官这一岗位，督察官最核心的工作就是在施工现场巡视，抓不合规的行为。

一次，督察官收到一位项目经理的反馈，一名暑期实习生仗着自己的父亲是老板的好朋友，在工作期间屡次做出种种出格的行为：痴迷于NBA球赛，上班期间每天都偷偷地看球赛；工作时不守规定，总找别人抽烟和聊天，动不动一个上午就混过去了；喜欢躲起来让别人找不到，好干自己的事情；等等。

考虑到该实习生的特殊关系，项目经理敢怒不敢言，只好向督察官汇报。当时，赵雷主管德胜洋楼的人力资源工作，在得知这一消息后，大为恼怒："他这是来上班的，还是来享福的？"

于是，赵雷让一位同事执行一个特殊任务，用一周时间来调查取证，观察和记录这个实习生一天究竟是如何工作的。几点干了什么、用时多久，连几点去厕所、几点从厕所出来都记得清清楚楚。

一周后，取证完成，记录显示该实习生确实违反了公司的规定，赵雷打印了一张解聘公告，内容是："这位先生在我公司实习期间严重违背我公司诚实、勤劳的价值观，这是不可饶恕的行为。基于此，我公司决定立即解聘他。"

随后他找了两位身材魁梧的同事，买了三张火车票，把这位实习生"押送"回家。而且，他让两位同事在见到实习生父母后，当面宣读解聘公告，然后立即返回。值得一提的是，当时聂圣哲在国外，整个解聘过程并未事先通知他，赵雷把这称为"先斩后奏"。

笔者问赵雷，这么做难道就没考虑到关系问题，就没一点儿顾虑吗？赵雷说："没有，既然让我负责这块儿工作，我就要做好，就是要杀鸡儆猴。"

"我们既然明确了这些规定，就是要严格遵守。今天你坏规矩，明天他坏规矩，就因为和谁有关系，那这些规矩就不用立了，立了也守不住。"

第二天，聂圣哲得知了这一消息，出乎很多人的意料，他毫无责备之意。他说："我们授权了赵雷先生主管人力资源。他这样做是对的。"

怎么样？是不是感觉德胜洋楼这一系列操作显得十分"古板""僵化"，一点儿也不懂"人情世故"？但在德胜洋楼的价值观里，工作就是工作，工作就是要认认真真地把活儿干好，工作的规矩就是不能被破坏的。如此，才能保证德胜洋楼的产品质量，才能让德胜洋楼成为一家高尚的公司。

如赵雷所言："这种'机械'的做法在别人看来可能很傻，但在德胜就是很重要、很关键的事情。我们不会因外界的看法或评价而改变。"

"丑话说透，关爱给够"

读到这里，相信很多人和笔者一样，会有一个疑惑，就是整体看下来，德胜洋楼的规矩实在是多、要求实在是高、管理实在是严格，工作干不好真的会受到惩处，再加上企业内部不搞股权激励和分红，那它到底是靠什么留住人的？更重要的是，它凭什么能让这千余号工人遵守规定，踏踏实实地把活儿干好？

这个问题，赵雷的答案是 8 个字——"**丑话说透，关爱给够**"。

"丑话"前面已经说了不少，相信大家也能感受到"员工不是企业的主人"这句话背后所蕴含的规则意识和契约精神。这里，我们再聊聊该如何理解"关爱给够"。

德胜洋楼的员工绝大多数都是农民出身，前面也谈到了，聂圣哲对农民有着特殊的使命感，他想让农民工成为君子，怎么成为君子呢？

在聂圣哲看来，这个前提条件是，企业要先以君子之道来对待这些农民工，要先以君子面貌来示人。何为君子之道和君子面貌？笔者不做具体解释，读完下面这几个发生在德胜洋楼的真实故事，相信你一定会有自己的感受。

德胜洋楼有一条理念："任何时候都要以保护员工的生命为第一要务。"它明确规定员工每周必须休一天半的假，谁要把这一天半的时间用来加班，不仅不会受到表扬，反而会受到批评甚至被罚款，因为这是不珍惜自己身体的行为，必须制止。

还有，为了解决员工特别是工人看病难、看病贵的问题，德胜洋楼在苏州、黄山和上海分别与三家医院建立了合作关系。一旦发生事故，员工可以走医院的绿色通道，及时得到救治，医药费由企业垫付。

2006年，一位工人因为煤气泄漏引发的爆炸，全身90%的皮肤被烧伤。德胜洋楼坚持救治，为此付出了400万元的医疗费，这位工人最终奇迹般地活了下来。如今，德胜洋楼每个月还会给受伤工人的母亲发放补助，帮助她照料儿子的生活。

不止于此，在工人的吃饭问题上，德胜洋楼也大有讲究。

有关工地伙食差的新闻大家应该或多或少都有所耳闻，不少工地食堂存在脏乱差的问题，这对建筑工人来说显然是不负责任的。

德胜洋楼是怎么做的呢？项目部去某地施工时，第一件事不是去查看施工现场的环境，而是去找当地口碑最好的菜市场，并要求员工统一在公司的食堂吃饭，且禁止吃卤菜和丸子等过度加工的食品。

为什么？因为德胜洋楼相信自己给工人提供的饭菜有着绝对的安全保障。事实上也的确如此。

比如，公司食堂的所有菜类必须用清水浸泡4个小时以上才能下锅，鱼类则只采购深海鱼和水源地干净的淡水鱼。工人喝的水也是公司统一配备的，不允许在路边随便买水喝。

坦白说,真的很难想象会有一家建筑企业把食材标准设置得比一些星级酒店还要高,重要的是,它服务的对象就是一个个再普通不过的农民工。这方面,笔者只能用"罕见"来形容。

有人可能会问,这么好的饭菜,这些工人能吃得起吗?不用担心,5块钱以内管饱。当然,代价是德胜洋楼食堂每年要亏损掉200万元。笔者问赵雷,这也不是一笔小数目,难道就这么一直亏下去吗?他的回复让笔者为提出这个问题感到很惭愧。

他说:"食堂不亏损,就亏心。"

大家可以好好感受下这几个字。对笔者而言,这几个字背后所流露出的,是人人所熟知、人人应该坚守却又在不知不觉中可能忽略和遗忘的道义。而且,德胜洋楼创造了一个奇迹:1997年成立以来,27年间,无一名员工患肿瘤和癌症!

到这里,笔者其实还想讲很多能体现德胜洋楼君子一面的例子:鼓励员工考驾照但不鼓励员工买车,因为公司的车可以租给员工,每天只需要20块钱;打破只有高管才能出国考察的常规,工作满5年的工人同样可以申请出国考察,费用由公司承担;连续工作10年后,享受"终身职工"的荣誉,永不解聘,且60岁退休后享有公司每月发放的"辅助养老退休金";等等。

德胜洋楼的规矩是很多，很多话说得也没那么委婉。但与此同时，它能够保证自己的行为与倡导的理念相一致，想让农民工成为君子，自己就先以君子之道待人，把公司能做的事情都做到位，绝不说一套做一套。

于员工而言，这是一份值得珍惜的好工作。德胜洋楼的要求是高，比别的企业管得严也是真的，但只要自己守规矩，认真完成工作，不仅不用担心工资，还吃得好住得好，甚至还有养老保障，那也没什么怨言。

这就是德胜洋楼员工流失率近乎为零的秘密。这里面没有什么深奥难懂的大道理，但做起来却绝非易事。在赵雷看来，德胜洋楼的这些做法的确会增加很多成本，但是职工的赤诚、爱心、凝聚力及其为公司所做的贡献是无法用金钱衡量的。

"记住，如果企业给员工的保障不够，员工就要花精力自己去进行自我保障。这样不仅会放大员工的私心，也会消耗员工的精力，导致他们无法全身心地投入工作。"赵雷说道。

捍卫君子文化，引领社会正气

在德胜洋楼，还有这样一句话："德胜永远要做高尚的公司，德胜永远要做充满良知的公司，德胜永远要做捍卫正义的公司。"

高尚、良知、正义，坦白说，这几个词在当下的企业界并不算什么新鲜词，谈到企业社会责任的话题时，很多人都会提到。

大家都这么讲是因为这是大家都认可的企业价值观，代表着人们对企业的期待。难点在于，该如何把这些词落到实处，或者说，该怎么把这些口头上的表述变为大家能够感知到的具体行为。

在这方面，德胜洋楼也有自己的思考，可以总结为一句话：旗帜鲜明地捍卫君子文化，向有违社会正气的行为说"不"。

具体该如何理解呢？下面两个案例是很好的答案。

一天早上，德胜洋楼的两位员工驾车出差，途中突然看到一位女士倒在路边，身上还有血迹，显然是发生了交通事故，可周围并没有车辆停靠。两位员工瞬间明白，肇事车辆应该是逃逸了。

受德胜洋楼君子文化的熏陶，两位员工决定把救人放在第一位，于是开车把这位女士送到了镇上的医院，并垫付了医药费，然后向公司进行汇报。公司让他们先守在医院，等这位女士的家人赶来。可没想到，一场现实版"农夫与蛇"的故事就这么上演了。

这位女士醒来后一口咬定自己就是被德胜洋楼这两位员工撞的，

这让两位员工倍感委屈：明明是救人，还耽误了出差，怎么还反过来被讹诈呢？

公司得知后，让两位员工继续做自己的工作，不用担心，剩下的事由公司来处理，并派专人与这位女士的家属展开沟通："这件事，我们已经了解了整个过程，也向公安部门提交了充分的材料。我们的两位员工并没有撞您，如果您坚持认为是我们的责任，欢迎您去起诉。"

在德胜洋楼看来，这件事非常严肃，因为所有员工都在看着公司到底会怎么做。德胜洋楼很清楚大家的想法："公司让我们成为君子，现在我们做了君子该做的事，但遇见了麻烦，公司会有怎样的态度呢？"

德胜洋楼认为，如果想把上述这些词真正落到实处，靠的一定不是某几家企业的努力，而是要推动更多企业参与进来。

其他企业的员工也在看着这起事件，如果德胜洋楼妥协了，他们今后可能也不会再做类似的事情了。

用赵雷的话来说就是："我们救人是义务，是做好事，是不忍心看你失去生命。但责任不是我们的，责任和义务是两码事，如果谁要讹诈我们，那对不起，德胜奉陪到底。你要打官司，那我们就陪你打。即便最后官司打输了，没关系，我们亮明了自己的态度，哪怕要赔钱，也由公司全权承担。

"我们的员工今后还要做见义勇为、挺身而出的事，不要有任何顾虑。一旦你所提倡的事最后让员工背上了债务、骂名和精神负担，那才是最麻烦的事。"

后来，在警方的协调下，这位女士及其家人并未做出起诉，德胜洋楼也证明了公司的价值观是不可撼动的。

值得一提的是，在另外一起交通事故中，德胜洋楼的做法却迥然不同。

一天，德胜洋楼的一名员工在路上正常驾驶，突然闯出一辆逆行的电瓶车。躲闪不及，电瓶车车主被撞倒在地。这名员工第一时间将骑电瓶车的女士送往了医院，并及时把情况反馈给了公司。德胜洋楼的每辆车都交了全险，于是公司让该员工走保险程序，妥善处理。

让德胜洋楼感到意外的是，没多久这位女士的父亲竟然主动给公司写了一封信，承认这起事故的责任不在德胜洋楼员工。原来这位女士之前出过一起交通事故，那之后便留下了后遗症，时常不能辨别方向，这次事故也是她后遗症发作，逆行骑车导致的。

这家人的家庭条件其实并不好，是当地的低保家庭，受伤女士的父亲是残疾人，要靠拐杖行走。但在整个过程中，他们没有任何讹诈和闹事的行为，甚至主动担责。

当了解到这一系列情况后，德胜洋楼认为这家人有着非同一般的可贵品质，这种善良和诚实是需要在社会中大力弘扬的。于是，德胜洋楼不仅治好了这位女士在此次事故中受的伤，还特批了额外费用，帮助这位女士治疗后遗症，同时召开研讨会，制定了以下几条措施：

- 第一，每年的春节、端午节和中秋节等传统节日来临前，公司将携带 5000 元现金和礼品来慰问这一家人。
- 第二，这位女士的孩子上学期间所需的书包等文具，由公司酌情提供，且孩子大学毕业后可优先入职德胜，如有出国留学的规划，德胜也可作为担保机构。
- 第三，全公司驾驶员每年轮流来探望这一家人，牢记安全行车规定，不开快车。

一个需要交代的背景是，这件事发生在 2009 年，到今天，德胜洋楼已足足坚持了 15 年。至此，笔者相信大家都能理解德胜洋楼所宣扬的高尚、良知和正义到底是什么了。

于德胜洋楼而言，对这些词的贯彻，不在于做了某件好事，也不在于培养出了某个模范人物，而是体现在对错误的事零容忍、对正确的事尽本分。它把自己作为一个案例，让更多的人相信高尚、良知和正义是存在的，这么做是对的。

结语：德胜洋楼，学不会

有人说，聂圣哲哪里是在做企业，分明是在做试验。

在这场试验中，他要把一个个农民工培养成"诚实、勤劳、有爱心、不走捷径"的精神贵族，他要靠"做傻子"的精神，重塑不同流俗、不畏风霜、孤高刚劲的君子风范。仔细想想，不无道理。

从个人的视角来看，德胜洋楼给笔者留下最深印象的是清晰且直白的劳资关系，即"你做好你该做的工作，我尽好我应尽的责任"。

必须承认，在员工关系的表述上，德胜洋楼的话不好听，甚至很扎心。但同样不能否认，它把企业应该为员工做的事都做到了极致，**最重要的是，它言行一致，知行合一**。反观一些管理者总抱怨人难管、事难办、责难负，那他们有没有想过，自己在为人、做事和担责上是否为员工做出了表率？

一句话，如果自己办不到，就别苛求他人能做好。

除此之外，德胜洋楼很重要的一个特点就是赵雷所讲的"合理"。什么是合理？就是规章制度是为人设计的，那就要符合人性，要能够为人所接受。

赵雷举了个例子。他去某家企业培训时，发现这家企业也有一本员工手册，但整本册子里罗列的全是罚款事项，员工无奈地说道："这一本册子罚下来，我 10 年的工资还给公司都不够，还得倒贴，这合理吗？"

更有甚者，喜欢从"人性的弱点"处做文章，比如让没完成业绩的员工站在台上当众出丑，乃至做出种种不雅动作。这合理吗？

在企业和员工的关系上，双方明确各自应尽的职责，然后说到做到，谁都不坏规矩，可能真的是最简单的相处之道了。可真能这么相处的企业却少之又少，其中的缘由是值得深思的。

最后，回到一个问题上——德胜洋楼的经营方式能不能学得会？说实话，很难，非常难，甚至可以说是学不会。因为要学习德胜洋楼，就会涉及利益的再分配，以及企业价值观的重构。正如赵雷所说："如果真的和德胜的价值观偏差太大，不建议来德胜学习，学了员工反而会离职。因为他们会发现彼此之间的差距太大了。"但难学、学不会并不妨碍我们学习德胜洋楼朝着高尚、良知和正义的方向迈进，哪怕迈出的只是一小步，千万家企业加起来，就会是一大步。

衷心地希望，如德胜洋楼这样的"试验"能多一点儿，再多一点儿。

延伸阅读

聂圣哲的商业理念

01.
千万不要把成绩归功于自己,把责任推给别人,也不要把阴谋当作智慧,在任何地方,得到提拔的都是只知道做事的人。

02.
要对一个员工的一生做很好的规划和安排,因为我们是一个拥有健康、先进、人道的价值观的公司。

03.
年底各工地要提出一批提拔人的名单,要多给年轻人机会,要多给二十多岁的人一些机会。公司是要往下办的,要形成一个梯队。还要对一些有培养前途的人进行激情培训。我发现我们公司有一批人已经没有激情了。要导入激情概念。

04.
认真做事就是按程序做事。一件事即使做成了,但如果不按程序做,也等于没有成功。

05.

我们在工作中一定要将复杂问题简单化，然后十二万分认真地加以研究解决。切记：**简单不等于草率，复杂不等于认真。**

06.

一个好的领导既是下级的好师傅，也是下级的好秘书；既要经常纠正下级言行中的不正确之处，也要经常提醒下级不要忘记哪些事情。

07.

说到做到是君子，做到再说是伟人，做到不说那是圣人，当然最重要的还有一句，说了不做是骗子。

08.

误解大多数情况下比恶意更可怕。

09.

哪一位员工牛哄哄了，就离被德胜解聘不远了；德胜如果有不少员工牛哄哄了，那公司离倒闭就不远了。

10.

爱不仅仅是让你爱别人，还有一个就是你要感激别人对你的帮助，感激也是对别人的一种爱。

第 4 章

金晔：营收成倍增长，靠的是"傻"与"笨"

这两年，企业界普遍有着增长乏力之感，但有这样一家企业，在一年的时间里，实现了营收从 1.12 亿元到 2.2 亿元近乎成倍的增长，其产品在全国 KA 卖场有着近 30% 的占有率。

这家企业是山东金晔农法食品有限公司（简称金晔），它的山楂条、山楂棒、山楂汁等产品遍布沃尔玛、家乐福、永辉等大型连锁商超，更令人动容的是企业一把手背后的种种经历。

笔者专访了金晔的总经理李金伦，他经历过事业的高光，也遭遇过人生的低谷，跌宕起伏过后，他对生命和经营有了新的认知。

在他的身上，笔者见证了一场老实人的胜利。

借粮食上大学，他的童年在贫穷与孤独中度过

李金伦，一个荒年间长大的农村娃。

1973 年，李金伦的父母带着一家人从山东老家逃荒到黑龙江孙吴县。这年冬天，李金伦出生，他是家里的老幺，但并没有因此得到更多的宠爱，相反，他的童年可能比别人还要多一些伤痛。

那个年代，对普通农家来说，下地种田是每天最重要的工作，沉重的劳作压力让李金伦的父亲染上了严重的酒瘾，隔三差五家里就要大吵一次，受此影响，李金伦至今滴酒不沾。

"那时候家庭条件很困难，但我父亲顿顿喝酒，喝完酒就耍酒疯，和母亲吵架，甚至打骂母亲，当年心里面其实挺恨他的。"李金伦的性格或多或少受到了影响，他开始变得极度内向，总觉得自己低人一等，和同村的小伙伴也玩不到一起去。

这让他显得有些格格不入，大多时候，他会远离人群，上学放学的路上，他总是一个人，孤零零的。对李金伦而言，童年的快乐实在太少，少到他几乎记不起来有什么了。**他说能在年三十晚上换上一套新衣服算是最开心的事了，即便这样的开心为数不多**。就这样，在穷苦和孤独中，李金伦度过了自己的童年。

与父亲的和解，是在他上大学之后。1994 年，李金伦考上了北京理工大学，他也是学校里唯一一个考上大学的。对父亲来说，这是一件天大的喜事，孩子的成才给他的生活重新带来了希望，此后他便不再耍酒疯，家庭关系也和睦了许多。

但这份喜悦没有持续太久，现实情况是，家里根本就没有供他读大学的钱，当时的学费一共需要 6000 块，对于靠种地为生的李金伦一家，这是一个天文数字。为了让李金伦上大学，好强的父母放下面子，挨家挨户地找亲戚朋友借钱，无论怎样，**他们心里只有一个念头，家里一定要供出一个大学生。**

当年，直接借钱是借不到的，村子里一般都是借粮食，这个叔叔借 50 斤，那个婶婶给 100 斤，记上账，然后把这些粮食卖掉换成钱。靠着这一斤斤借来的粮食，李金伦攒够了去北京读大学的钱，在他毕业那年，家里面还有 3000 元的外债没有还上。

直到今天，李金伦一直把一句话挂在嘴边，他说一个人永远不能忘了自己是谁，对他而言，他就是那个穷小子、傻小子，他要老老实实做人，本本分分经营，不能让自己被那些高大上的头衔所迷惑和操控。

拿着 100 元闯社会，他遇到自己"生命的转机"

大学毕业后，李金伦被分配到造纸厂工作，一个月能有 500 块钱，在当时算是很不错了。每个月发工资后，他第一件事就是把钱给家里打过去，想着尽快还清那 3000 元的外债。可好景不长，还没干满一年，造纸厂就资不抵债，发不出工资了，李金伦也随之下岗，他拿着手里仅剩的 100 块钱，准备去济南闯一闯。

李金伦很坦诚，他说去济南其实还有一个目的，就是想靠自己娶个媳妇，家里面供他读书已经花了太多钱了，在结婚这件事上，他不想再花家里一分钱。

来到济南后，李金伦在一家商贸公司做起了业务员，主要工作就是蹬着人力三轮车，在济南的大街小巷里给客户送牛奶，济南的路上下坡比较多，一个月里他蹬坏了好几双胶鞋。

一次，李金伦去一家超市要回款，看见门口站着一个清秀文静的营业员，这让他眼前一亮，那一个月里，李金伦天天往那家超市跑，一是找店老板要钱，再就是想多看女孩几眼。

憋了一个月，李金伦终于鼓足勇气和女孩搭上了话。女孩叫孟晔，其实也一直在关注他，她很好奇这个男人怎么这么有毅力，别人要不到钱可能隔段时间再来，可他却几乎一天不落。两个人在一起后，李金伦盘算着做点小买卖，一是到了该结婚的年纪，二是他想给这个不嫌弃他穷的女孩一个保障。

他说，妻子孟晔的出现，是他生命的转机，没有孟晔，就没有他，就没有金晔。为了支持李金伦创业，孟晔一次次去找亲戚借钱，可家里几乎没人看好他们这桩婚事。

"他一米五几的个子，家里还那么穷，住着土房子，你跟他干吗呀？"这样的问题，孟晔不止一次被亲戚问到过，但她从未动摇，她相信这个偷偷看她一个月都不敢说话的"傻小子"将来一定能闯出一番事业，这是她的直觉。

后来，两个人在街边开了一家不到 10 平方米的小店，卖一些奶粉、奶片这样的乳制品。每天早上 5 点多，李金伦就出门谈客户，找货源，孟晔看店，晚上 12 点再一起收摊。那段日子虽然辛苦，但他们充满了干劲儿和对未来的憧憬。

值得一提的是，李金伦在送牛奶期间，经常主动帮其他店老板吆喝卖货，但凡能帮上的忙他从不拒绝，这也让他获得了大家的好感，很多进货商都愿意把一些新货、奇货留给他卖。所以没过多久，他们这家小店就火了起来，2003 年，李金伦从两个人名字里各取了一个字，注册了金晔。

一切似乎都在向更好的方向发展，可一场近乎致命的危机却在悄悄逼近。

从百万富翁到还不起房贷,一切都是虚荣心作祟

2003年的一天,李金伦的店里进了一箱来自内蒙古的奶片,销量出奇地好,一下午的时间就全都卖光了。

李金伦嗅到了其中的商机,他立刻跑进一家网吧,在网上搜索还有哪些厂家生产类似的奶片,后来看到伊利牛奶卖得很好,他想那伊利奶片应该也差不了。

当天晚上,李金伦就动身去呼和浩特,可连硬座票都没有了,他就在火车上站了一天一宿。没想到的是,到了伊利集团,负责人连门儿都没让他进,说已经有代理了,让他打道回府。

李金伦没有放弃,他在厂门口等了两天两夜,第三天下午,对方看他如此执着,终于同意他进去和领导谈一谈。但整个过程非常尴尬,一进门对方看他其貌不扬,一副寒酸的样子,连眼皮都没抬一下,直接和他说:"已经有好几家公司准备签我们在济南的代理了,你们公司什么规模啊?"

李金伦还是没有放弃,他诚恳地说:"说实话,我就一个小门头店,但我现在就能把全济南大街小巷里上千家奶店老板的姓名、电话和地址给你写下来,我可以保证一个月卖几千箱不是问题。"对方看

他如此真诚，终于同意让他签下济南的代理权。

就这样，李金伦转型为厂家代理商，这款奶片也迅速打开了市场，月销售额从5万元到10万元、20万元，没过多久，李金伦就成了百万富翁。

拿下济南的代理权后，随后那几年，他一心想做大做强，不甘心仅仅做一个区域代理，想着一定要做总代理，想让行业知道，伊利产品是他做起来的。于是，他开始为了完成厂家的任务大量进货，只想着快速冲销量，可各个超市每个月的销量不会有太大变动，这就造成他手里积压了大批临期、过期产品。

另外，受性格影响，李金伦不会打点关系。一次，有采购答应他举办一个大型促销活动，他进了20多万元的货后，又被告知活动取消了，得知消息后他差点晕过去。为什么说好的活动又取消了呢？一个关键原因就在于李金伦不懂打点关系，没有及时给这个采购一定的好处。

2008年的三聚氰胺事件发生后，整个乳品行业陷入了困顿。诸多因素的叠加作用下，公司的月收入从最高峰的70万元降到10万元，再到负债几十万元，最终因资金链断裂而停止运营……

"现在想想，客观原因都是其次，最根本的还是自己飘飘然了，太虚荣了，真把自己当成大老板了，经常坐在办公室里对团队发号施令，也不关注市场的真实情况了。"李金伦说。

最难的时候，他甚至没办法出门送货，因为没有给面包车加油的钱了，紧接着每个月2400元的房贷也还不上了，看着身边一直默默支持和陪伴自己的爱人，李金伦心如刀绞。那段时间，他陷入了迷茫。

心性转变后，他说"以前那个李总已经死了"

好在，困难没有消磨掉他对读书和学习的热情，即便日子再拮据，他每个月也会省出一点儿钱来买《商界》《销售与市场》等杂志。

通过学习，李金伦下了两个决心：一是从特产切入，做差异化产品；二是由做代理商的乙方转型为做生产商的甲方，不再给别人卖货，自己去做生产。随后，他处理了之前积压的产品，也不再执着于所谓的总代理头衔，唯一的目标就是活下去。所以对于创业初心这件事，他回答得也很直白："没有什么初心，就是赚点儿钱，活下去。"

2008年后，他做过济南的特产甜沫、八珍糕，也做过胡辣汤粉、地瓜干，但都有地域限制，产品在其他地方卖得并不好。后来他就天天去超市里转，想看看到底什么产品既有山东特色，又能有更高的市场接受度。

最终，他把目光锁定在了山楂上。这一次，他选对了方向，山楂产品得到了市场的普遍认可，企业的发展也重新回到了正轨。

2016年，李金伦加入了山东盛和塾，对他来说，这又给他带来了一次心性上的转变。

在学习稻盛哲学后，李金伦对其中的思想极为认同，他把《京瓷哲学》和《付出不亚于任何人的努力》各读了100多遍，《赌在技术开发上》读了200多遍。**无论走到哪儿，他都会背着一个大大的背包，里面装着20多本书，只要闲下来就会翻书做笔记，每天坚持，从不间断。**

笔者问他为何要看这么多遍，他说自己很愚笨，每次只能记住一点点内容，只能一遍遍看，看得多了，记下来的也就多了。打这以后，他也不希望朋友和员工再叫他李总了，而是直接叫他全名或者金伦兄，用他的话来说就是："以前那个李总已经死了！"

对于稻盛和夫的一些思想，比如敬天爱人、走进现场、付出不亚于任何人的努力等，李金伦也开始积极在企业中宣传。可一次匿名调查的结果，却给了他当头一棒。

员工反馈说，老板假大空，只给画饼，看不到创业时奋斗的影子了。这让李金伦没有想到，他开始反思，**所谓的文化落地不是自我感觉良好，而是要让员工能发自内心地认同。一句话，勤胜于言。**

这之后，他和企业发生了一些切实的改变，举几个例子。

1. 总经办贴封条，回归生产现场

在贯彻"现场主义"上，李金伦先从自己做起，他把被褥搬到了工厂宿舍，每周一到周五的吃住都在厂区解决。

此外，为了倒逼自己，他还把自己的总经理办公室贴上了封条，平日里，他要么在研发室和技术员交流，要么在生产车间观察，看看哪里还有可以改进的地方，要么在职能办公室和大家讨论接下来的人员部署和规划。

笔者问他如果有人找他怎么办，他说自己每天都和员工在一起，除了刚入职的员工，没有谁他不认识，不用来找他，有事情他就直接去找员工了。

2. 成立志工团，全员践行企业文化

为了让企业文化真正落地，李金伦又组织成立了金晔志工团，将全公司400余人分为12个团，每个团30～40人，围绕爱和幸福两个主题，开展相应的工作。在企业文化的践行上，真正实现了全员参与。

比如践行"扫除道"，义务为厂区和附近街道打扫卫生；关怀员工幸福，收集大家对公司的建议并跟踪执行情况；平日里还会走访敬老院，做一些力所能及的工作。这些看起来可能都是一件件小事，但正是在这些小事中，员工可以感受到自己真的在践行文化，毕竟，**喊一万遍，不如做一件事。**

3. 紧抱产品睡觉，付出不亚于任何人的努力

稻盛和夫讲，无论什么时候，都要"紧抱自己的产品"，这一点上，李金伦也在躬行实践。

李金伦说，老先生的一些理念，自己一时可能想不明白，但他相信，既然老先生这样说了，自然有其道理，他要有样学样。所以李金伦真的是抱着产品睡觉，金晔有一款热销饮料，叫"山楂满满"，在产品设计之初，李金伦就天天抱着一个瓶子睡觉。

他睡觉前看一看，吃饭的时候也看一看，开车的时候就放在自己的副驾上，他说这是对产品的一种陪伴。而这也确实带给他很多灵感，头一天可能觉得已经很好了，第二天他再看又会有新的想法，夜里睡觉时，头脑里如果冒出一些好的点子，他甚至会激动得蹦起来。

当然，李金伦也不只是学稻盛经营学。这些年里，他带着团队进行了几十次的游学，像胖东来、方太、松下等知名企业，李金伦都曾参访学习过，他把这视为"付出不亚于任何人的努力"，学到一点就用上一点。

他说，要保持愚蠢，保持热爱，保持不变节的人格。

无微不至的员工关怀，是他对企业经营的别样理解

观察下来，金晔这家企业还有一个非常值得称道的地方，那就是它在员工关怀方面，可以说是做到了无微不至。

举几个例子：结婚礼金、生育礼金红包优厚，免去同事间的随礼烦恼，女员工除社保外另设生育津贴；1～3年工龄奖，工龄满5年员工奖励全国游，工龄满10年员工可带一名家属全国游；父母感恩金每月25日汇入员工父母卡中，设置"父母生日假"，父母生日当天员工可享带薪假期，陪父母过生日；成立金晔人关爱基金，用于重大疾病救助和金晔学习氛围建设、亲子活动……

李金伦对此也颇为自豪，他说金晔不愁招工难，一年春节期间，企业内部发通知准备招聘20名生产人员，在员工内荐下，第二天就来了200人应聘。

在劳资纠纷案件不断被曝光的当下，有人说，找到一家能严格遵守劳动法的公司已经很不错了，像金晖这样能把员工关怀做到如此深入的企业，说实话，的确不多。

李金伦和笔者解释了他在这方面的思考。他说从本质上来看，企业都是资本推动的，但这个资本分为两类，一类是货币资本，说白了就是钱，而另一类就是人才资本，也就是员工。作为一把手，要想清楚自己的企业到底是货币资本驱动的，还是人才资本驱动的。

"很多人口口声声说要给员工一辈子幸福，结果连这两类资本都分不清，最后人心涣散，公司垮掉，这不是开玩笑呢吗？"

在李金伦看来，金晖一定是靠人才资本来驱动的，所有员工都是他的合伙人，员工的能力和对工作的态度就是他们的出资，而想要让员工自己把自己当成企业的合伙人，那福利和关怀就必须做到位。

如其所言："各种员工福利，包括对员工子女和父母的关爱，可以营造出来一种氛围。什么氛围呢？就是让大家把这份工作真正当成事业去看待，让他们有发自内心的热情。这是一个根本逻辑，**如果你不尊重员工，始终把他们当成打工人，可能你多给点儿钱，他们也能有热情，但那些都是表象**。"

这一点在金晖的员工身上得到了体现。比如，无论是谁的车，只要进入金晔厂区，金晔的保安都会主动帮忙洗车，这个是不收费的；想要找人或者办事，可以向任何一个员工打听，没有人会拒绝，员工会主动带你去前台咨询，等候期间也会送上茶水和零食。

为什么金晔的员工可以主动做到这些？因为他们真的把工作当成事业来看待了。

除此之外，2022 年，李金伦还给自己下了一个死命令——他要在 2025 年之前，让所有员工的托底薪酬达到 10 万元以上。这一目标已经实现。

"这么好的员工，连 10 万块都拿不到还怎么养家？如果没能实现，只能说是我和管理层的失职，那我和高管要拿工资补上。"李金伦说道。

化抱怨为机遇，企业创新人人可为

熊彼特讲，企业家不是一个身份，而是一种创新的状态。总经理不一定是企业家，董事长也不一定是企业家，只有当他在创新的时候，他才是企业家。每次做企业家访谈时，笔者总会问问他们对创新的理解和态度，对此，李金伦的回答是，**将抱怨点转化为创新点，建立创新机制比创新本身更重要。**

什么是建立创新机制？就是通过管理创新来带动业务创新和技术创新，比如，金晖建立了一个创新改造委员会，生产、销售、人力等各个部门都要收集员工的抱怨点，然后向委员会提建议，大家集思广益，谁能把这个抱怨点解决了谁就是创新了。

比如，车间里的上料车之前无法固定，来回晃动，有员工设计了一个挂钩将其和旁边的设备连接起来，减少了晃动次数，这就是创新点；洗果池之前常有水溢出，有员工在旁边加装了一个溢水管，让水不再直接流向地面，这也是创新点。

显然，对金晖而言，创新点不一定要多大，重要的是让每个员工都觉得自己有创新的能力，让大家把创新看作一件平常的、努力一下就能做到的事情，最终营造起一个人人皆可创新的氛围。

企业固然希望员工都能积极主动地去创新，但如何推动员工从"要我创新"到"我要创新"的转变，是一个值得思考的问题。

李金伦给出的答案是分配。金晖设立了一个百万大奖机制，鼓励大家积极进行创新改造，平日里还有改善项目奖、改善个人奖和改善提案奖等，哪怕只是一个小小的提议，也要奖励。奖品五花八门，有现金，也有日常用的毛巾、香皂、洗衣粉，还有小玩具。

其实，对员工而言，奖品的大小是其次，更重要的是领导和同事的认可,以及那份站在领奖台上的喜悦和骄傲。

在金晔,这些奖品几乎天天发,而且一定会准备一个颁奖仪式,想来,这是在精神层面的激励上下了功夫。就像美国著名历史学家威廉·曼彻斯特回忆他在"二战"中当步兵的经验时所说:**"士兵不会为你卖命,却会为了一条彩带为你冲锋陷阵。"**

结语:可叹多少聪明人,一生没做好一件事

李金伦对自己有一个定义,他说他是一个无知甚至愚笨的小学生,他始终是那个穷小子、傻小子、笨小子。的确,在外人看来,有些事情他办得没那么"聪明",甚至有些笨,有些傻。

比如,他给企业设定纳税目标,并让财务部尽可能地往多了交,杜绝一切避税行为。

"你占了几十亩地,却不去给国家和社会做贡献,嘴上喊着爱国,喊着中华崛起,私底下却想方设法地不交税,不丢人吗?不觉得害臊吗?"

比如,在收到监管部门的罚单后,有员工和他说可以找人摆平,他坚决不找,甚至还让对方能罚多少罚多少,他说不罚不长记性,不

罚才是对生产和安全的不负责。

比如，为了践行勤奋利他的理念，他买牛奶专挑临期的买，坐飞机专挑别人不愿选的座位，住完酒店要把房间整理好再走。

但李金伦真的笨、真的傻吗？在笔者看来，这是一种大智若愚。

正是因为这种笨与傻，他有着让别人挑不出毛病的底气，不用给别人送礼，不用请客吃饭，无论是县长、区长还是区委书记，来金晔统一吃食堂。

正是因为这种笨与傻，他免去了一切不必要的分心事，专注于企业的生产和创新，逆势下取得了近乎成倍的营收增长。

正是因为这种笨与傻，他能以身作则，将勤奋利他、敬天爱人的理念贯彻到企业的每一位员工身上，让企业文化从口头落到实处。

这个世界从来不缺聪明人，但就像和君集团董事长王明夫先生所说：**"可叹多少聪明人，一生没做好一件事。"**

回归简单，回归常识，回归本质，在李金伦的身上，笔者看到了一场老实人的胜利。

延伸阅读

李金伦的商业理念

01.
保持愚蠢，保持热爱，保持不变节的人格。

02.
如果你不尊重员工，始终把他们当成打工人，可能你多给点儿钱，他们也能有热情，但那些都是表象。

03.
将抱怨点转化为创新点，建立创新机制比创新本身更重要。

04.
老老实实做人，本本分分经营，不能让自己被那些高大上的头衔所迷惑和操控。

05.
机会主义时代或者吃老本的时代已经过去了，随着顾客越来越年轻化，消费者需求越来越向追求更高性价比、更高精神体验的方向转变，这就需要企业进行商业模式的升级创新或者产品和服务的升级创新，用超级好的产品和超级好的服务来感动顾客，而不只是让顾客满意。

要想实现以上的升级就必须提升经营者和管理层的认知和决策力，认知和决策力逐渐成为企业中最大的杠杆。

06.
随着阅读量的增加，我越来越发现自己的无知和浅薄，越来越能找到自己的初心，**我认为初心就是初学者的心态，我给自己的标签是小学生。**

07.
企业经营者只有把企业做好，成就更好的人，才是真正地践行"作为人何谓正确，作为领导何谓正确"。我不是给予幸福，而是让大家去创造幸福，共同提高金晔人创造幸福的能力！

08.
学习力意味着生产力，最值得反复重读和学习的是经营哲学类的书。我认为我的核心竞争力就是学习，老老实实地学习。

09.
从本质上来看，企业都是资本推动的，但这个资本分为两类，一类是货币资本，说白了就是钱，而另一类就是人才资本，也就是员工。作为一把手，要想清楚自己的企业到底是货币资本驱动的，还是人才资本驱动的。

很多人口口声声说要给员工一辈子幸福，结果连这两类资本都分不清，最后人心涣散，公司垮掉，这不是开玩笑呢吗？

10.
我们的经营理念很简单，就是"员工幸福、顾客幸福和社会幸福"。员工幸福是第一点，肯定是最重要的。顾客幸福就是产品一定要好，无添加。社会幸福，比如说交税，别人可能都是想办法去避税，甚至偷税漏税，我完全相反，我是想尽一切办法多交税。

PART

2

第二部分

买方好

第 5 章

胖东来：被"封神"的背后，果然有"高人"

关于胖东来，网上的相关文章和视频可谓多如牛毛，有网友的打卡笔记，有专家学者对其经营秘诀的分析，还有关于"中国最任性老板"——创始人于东来的各种故事等。

胖东来虽立足于零售业，却频频得到互联网界"大佬"的肯定。比如，马云盛赞其为"一面镜子，可以照出其他企业的不足"，雷军称其为"中国零售业'神'一般的存在"，还专门跑去学习。这些赞誉为胖东来披上了一层神秘又传奇的面纱，也引得每年几百家企业的"访学团"专程前去参观考察，大家都想看看一家开在三四线城市里的超市到底凭何被"封神"。

从普通消费者的视角来看同样如此，网上传播很广的一个段子是：

"如果满分 10 分，你给胖东来打多少分？"

"9分。"

"为什么扣了1分？"

"因为我们那里没有。"

这种稀缺性也着实让胖东来成了"网红打卡地"，不少人特地前往许昌，不为别的，只为实地到胖东来看一看、逛一逛。实在去不了的人甚至还迷上了"云游"，在一段段视频和一篇篇笔记中感受"神仙超市"的不同之处。

笔者觉得，胖东来能屡提热搜，能让一众"大佬"点赞学习，乃至让天南海北的人都对它有一定的印象，这件事本身就很有意思。

毕竟，归根结底，胖东来只是一家超市，一家没走出过河南的超市，最远也就开到了许昌100多公里外的新乡，全部门店加起来也就十几家，凭什么能引得全民关注，乃至引发一轮又一轮的舆论热潮？再往深处想，人们如此热衷于讨论胖东来，讨论的究竟是胖东来本身还是另有他意？

2023年11月，笔者借着机会去新乡的两家胖东来门店"大胖"和"小胖"逛了逛，既有"打卡"秀一下的心思，也有通过亲身体验为上述问题找到一两条答案的想法。

以下是这次胖东来之行的一些感想，和大家做一个分享。

服务，超乎你的想象

谈到胖东来，其贴心周到的服务必然是绕不开的一点，这次实地探访后，笔者对此有了更深的感触。用一句话来总结就是，你需要的服务，它都有，你暂时用不上乃至于根本就想不到的服务，它也有。

在商场门口，最先映入眼帘的是几种颜色和大小各不相同的购物车。有专门为小朋友定做的购物车，上面是儿童座椅，下面是置物筐，家长买的东西再多也不怕挤到孩子。还有专门为老人设计的购物车，上面配有凳子，走累了可以随时坐在凳子上休息一会儿。

当笔者走进商场后，一个最大的感受是，这里不只是一个购物的地方，还是一个"百科全书式"的展览馆。很多商品都清晰地标注了产品的关键信息。比如在一个手工皂的货架上，就设置了一个选购指南，上面列出了不同种类的手工皂的成分及适用的皮肤类型，如图 5-1 所示。

第 5 章　胖东来：被"封神"的背后，果然有"高人"

图 5-1　胖东来货架上的选购指南

怕顾客看不清，胖东来还贴心地把放大镜放到了旁边，像是在告诉顾客**"别着急买，可以先看看东西到底怎么样，适不适合你"**。说实话，一个卖场最先想到的不是把货卖出去，不是敲锣打鼓地吸引顾客赶紧来买买买，而是告诉顾客这个货怎么样、怎么用才好，这一点，实属罕见。

当然，胖东来的服务并不局限于此，整体逛下来的感受是，它真的是把服务做细做透了。举个例子，路过生鲜区时，笔者在一个小装置前驻足许久，原因无他，因为笔者之前逛超市的时候从来没见过这个东西，一时间没反应过来它到底是干什么的。

什么装置呢？如图 5-2 所示。

图 5-2　胖东来生鲜区摆放的特别装置

这个装置分为上下两个部分，下面部分大家都不陌生，是我们装东西时常用的连卷袋，关键在于上面部分。它的主体是一个黑色的小盒子，里面装的是水，中间是一个被卡住的黄色乒乓球，通过将乒乓球按到水里去，手指上可以沾上一点儿水。

读到这里，相信聪明的你应该知道它是干吗的了。它的学名叫"湿手器"，对，就是当我们手干、手滑，搓不开袋子的时候，可以用手指按一下乒乓球从而沾上点儿水，这样就容易把袋子搓开了。

够不够关注细节？反正笔者曾有很多次被这种袋子弄得气急败坏，怎么搓都搓不开，购物心情也受到了影响。我在其他超市确实没见过这样的小装置，试问，它的原理很复杂吗？好像并没有。那为什么其他超市没有呢？是真的没有想到呢？还是说根本就没往这方面想？

提供贴心、细致的提示和服务装置就够了吗？对胖东来而言，还远远不够。于东来在2023年10月的一次分享中说道：

"如果我给现在的胖东来团队打分，100分最多打10分，以前是0分，因为现在他们还做了一些产品，所以我说给他们打10分。如果10分的标准都能生存得这么好，那达到50分呢？胖东来往前再走3～5年的时间会发展得更好。"⊖

于东来这句话背后的意思是，他所认可的高标准服务绝不只是这些摆在明面上的服务，而是体现在服务人员的专业性上，体现在他们对商品与顾客更深层次的认知上。用他的话来说就是：

⊖ 参见联商网：《于东来总裁班分享（一）：企业要先治病，再挣钱》。

"如果有一天，我们的能力提升到 5 分，提升到 10 分，提升到 20 分，提升到 30 分，那就比现在的能力要强很多，最起码顾客买东西时，一问觉得我们很专业，不会让顾客买错。**不是说跟现在一样，买个东西'好啊好啊'，光满嘴的好，好在哪儿不知道。**你得懂商品到底好在什么地方，内在的元素、外在的设计，它的理念是啥，能为人带来什么样的好处。如果是这样的，那看见顾客来了，是胖的瘦的、啥样的性格，啥样的商品适合，都给他规划好了，这才是作为一个专业的员工应该做的、应该承担的责任和使命。如果是这样做的，还愁生存吗？"⊖

不得不说，于东来的这种眼光不可谓不独到，甚至可以说是毒辣。

我们购物的最终目的是什么？是服务人员的微笑服务和开心愉悦的购物体验吗？有一部分是，但肯定不全是。我们的最终目的还有买到最适合自己的称心如意的商品——这才是我们选择去购物的根本目的。显然，于东来对服务专业性的强调，为的就是满足消费者购物的这一根本目的。

同行的一位老师就特意针对这一点进行了一番体验。

⊖ 刘杨. 觉醒胖东来[M]. 北京：中国广播影视出版社，2023.

他专门去胖东来药店"找茬儿",问为什么有的维生素放在常温的货架上、有的则放在冷柜里,平时需要怎么吃、有哪些注意事项,比如什么样的人不建议吃、大人和孩子分别吃多少等。令他感到出乎意料的是,售货员对每一个问题都回答得头头是道。

接下来我们顺着胖东来服务的专业性继续往下分析,看看胖东来员工的这种专业性到底是怎么来的?他们怎么就能把服务做得这么到位?

靠什么落实到位

研究下来,笔者发现胖东来贴心、周到、专业的服务背后有两个非常重要的关键词,**一是"具体",二是"可见"**。我们分别来看。

先说第一个关键词"具体"。什么叫"具体"?就是干什么事得有个标准,而且这个标准得是有具体界定的,能让人知道做什么是对的,做什么是错的,做对了有奖励,做错了有惩罚,这才叫具体。

以现在很多企业宣扬的"全心全意为客户服务"为例,这句话对吗?那可太对了,没有哪家企业会说自己不是为客户服务的,但问题是如果有的只是这么一句话,那就太空了,这句话也只能沦为一句口号。

为什么？答案很简单，没法落实下去。

你说你全心全意为客户服务，那怎么才算全心全意？具体的执行标准是什么？哪些行为不符合这一理念？出现不符合的行为后怎么惩处？毋庸讳言，现在很多企业都有几句这样的"漂亮话"，但等要把这些"漂亮话"落实下去的时候却又犯了难，因为没有具体可依的标准，无从下手。

那胖东来是怎么做的呢？

它有一份名为"许昌市胖东来商贸集团有限公司各项管理制度"的文件，一共10个章节，2万多字，这份文件可以说是事无巨细地规定了各个岗位的操作办法和考核规则，可以被认为是胖东来的"家规"。

以第三章第三部分"服务违纪（处理）制度"为例，单这一部分就有26条规定，这26条规定中，一年内如果违反一次，当事员工就要"降学习期[一]一个月"，第二次违反即视为严重违纪，对当事员工解除劳动合同，调离胖东来所有门店。

[一] 降学习期是公司对犯错误的员工的一种特殊处理方式——通过让员工在一定时期内处于学习状态而对其不当行为进行惩戒。学习期内的员工通常会被调到其他非核心岗位或与原岗位工作性质不同的岗位，在新岗位上学习和工作，从而避免员工再犯同样的错误，同时也有利于员工积累更多的工作经验和提升能力。

笔者从中选取几条，相信你能感受到胖东来在规则制定上的细致与严格。

第一条，为顾客服务时不主动、不热情、态度冷漠、语气生硬，对顾客的问题不回答、不解释；

第二条，在顾客询问时，员工未及时放下手中的工作上前接待，为顾客提供帮助；

……

第四条，在服务过程中，如须暂时离开，未礼貌告知顾客；

第五条，顾客购物出现意外破损时，未礼貌告知顾客"没关系"，未立即为顾客送上同样的商品，便于顾客购买；

……

第十二条，在拿、递、展示、介绍商品时，使用"不要摸""别弄脏""很贵的""不要挑啦""不知道""这不归我管"等不恰当用语，以貌取人；

……

第二十二条，现场加工类商品未告知顾客加工时间，未及时询问顾客的特殊需求；

第二十三条，现场加工类商品口感不达标，未主动向顾客致歉，未重新为顾客制作；

……

怎么样？是不是每一条都足够清晰明确？员工一看就知道什么是不符合服务标准的，什么是不能做的。如此一来，好的服务才能真正推行下去。

接着说第二个关键词"可见"。"可见"是什么意思呢？就是说胖东来提供的服务是能让你看见且能给你留下深刻印象的。

就像海底捞，为什么一提到海底捞我们的脑子里就会蹦出来甩面、擦鞋、美甲，还有工作人员演唱歌曲等场景，就是因为这些服务太让人印象深刻了，乃至于忘都忘不掉。一样的道理，胖东来也把它的服务具象到了一个个能让人有切身感受的场景当中。

比如经典的"只卖虾不卖水"。大家可以想一想平时自己买虾是一个什么样的场景？基本上就是店员把虾捞到袋子里，然后去称重，但胖东来不是。胖东来的店员会当着顾客的面在袋子的右下角剪一个小孔，让多余的水从小孔中流出来，然后再去称重。

坦白说，这个水其实没多少，最多也就一两个瓶盖儿的量，但胖东来就是要让顾客亲眼看见，让顾客知道它不占一丁点儿便宜。

再比如，其电子秤统一设置为"去皮"模式，如图5-3所示。结账时收银员会举着小票逐一核对顾客购买的商品，这一切都是为了让顾客"眼见为实"，让大家实实在在地感受到胖东来的真诚和规范。

第 5 章 胖东来：被"封神"的背后，果然有"高人" 87

图 5-3 胖东来的电子秤均设置为"去皮"模式

在经历了与商家之间数不清的"钩心斗角"后，又有谁会不喜欢胖东来的这种简单直接呢？又怎会不产生深刻印象呢？这就是胖东来的可见式服务。

话又说回来，无论是一条条具体细致的服务规则，还是当着顾客面的可见式服务，对员工素质的要求显然都是非常高的，毕竟胖东来的一些要求甚至可以用严苛来形容。这就引出了另一个问题：面对如此高的服务标准和要求，胖东来的员工是怎么"忍受"下来的？让他们心甘情愿坚持下来的动力是什么？胖东来究竟给他们灌了什么"迷魂汤"？

"顺人性做事，逆人性做人"

上述问题的答案，一些人倾向于归结为当下流行的一句话——**"只要钱到位，卖命无所谓"**。这句话对吗？对，不管干什么，前提一定是得有回报，如果这个回报能更大点儿、更多点儿、确实能让人干起来更有劲头儿。

但如果把这句话放在胖东来身上，只能说对了一半。我们就先来看这对的一半，也就是给员工分钱的问题。

分钱，可以说是胖东来的老传统了。于东来本人曾做过有关分钱经历和政策体制的分享，他谈道：

"那时候（1995年）我们当地的平均工资可能就是300块钱，但是我们的员工最低工资是1000元，还管吃管住。

"从2002年开始，每年挣的钱可能大概要分掉80%，其余的20%我花，再后来就越分越多，一直延续到现在。"[一]

从管理层的薪酬来看，胖东来更是遥遥领先。

在《胖东来超市部各级别工资政策》文件里，关于管理层的工资

[一] 参见胖东来官网：《胖东来的分钱经历和政策体制》。

标准有详细的说明。以店长为例，店长级别工资 50 000 元 / 月，其中，基本工资 20 000 元 / 月，文化理念考评奖励 20 000 元 / 月，素养能力考评奖励 10 000 元 / 月。

对，你没有看错，在许昌（或新乡）这样的三四线城市，胖东来店长的工资是 50 000 元 / 月，这还不包括各种福利、奖金、分红等。这个工资水平别说是在河南，别说是在工资普遍较低的零售行业了，就是在一线城市的互联网大厂，也是妥妥的高薪了。

除了店长外，处长、店助的工资也都在 25 000 ～ 40 000 元 / 月之间。也就是说，**在胖东来，一个中层员工，一年保底就有 30 万元的工资收入**。所以，你可以认为，在胖东来，高工资不是激励而是基础。

背后的道理很简单。胖东来把爱作为企业的基本信仰和价值观，它的一个重要理念叫"爱在胖东来"，要创造爱、分享爱、传播爱。创造爱、分享爱、传播爱，以及把那些非常高的服务标准落实下去的前提是什么？是员工先得有一份可观的收入，一种足够体面的生活，说得再深入点儿，就是他们自己得先体会到什么是爱，才能知道该怎么去爱别人。

试问，一个从来没有闻过花香的人，该如何向别人描述花的甜蜜？

再往深处想，每年上百家"访学团"去胖东来，但为什么我们却难见几家"新胖东来"出现？为什么很多人学到最后也学不会、学不好？根本原因难道不在于此吗？对这一点，于东来说得也很直接："如果你们不下决心把 50% 的利润分享给员工，就不要来学习了。"

当然，刚刚也说了，分钱只能算是对了一半，那另一半是什么呢？笔者把它总结为这样几个字——**对员工和人性的尊重**。这方面，我们可以先来感受一下于东来说过的两段让不少老板"破防"的话：

"我们做那么多慈善，安排那么多人员就业，上缴了税金等，就认为自己是伟大的企业家。但是我们是从心里面想让我们的员工过得幸福吗？我们心里面有员工吗？我们可能更多的是在利用员工，为了自己的名，为了自己的利，为了自己的荣耀，为了自己所谓的美丽人生和成功，我们让自己变得越来越虚伪，最可怕的是我们不知道自己原来是吸血鬼。

"扪心自问，我们有没有把员工当人看？会不会关注员工的生活，员工的工作状态、生命状态？"㊀

具体来看，以大家喜闻乐道的胖东来休假制度为例。早从 2011 年开始，胖东来便执行每周二闭店的政策，员工每周都可以得到休

㊀ 参见联商网：《于东来总裁班分享（一）：企业要先治病，再挣钱》。

息。春节期间从除夕到初四闭店 5 天，员工可以尽情和家人欢度春节。这一休假制度，可谓一举打破了中国零售业"白天永不歇业""节日即黄金时间"的传统规矩，是一个彻彻底底的"反商业"规定。

不止于此，所有入职满一年的员工均可享受 30 天的带薪年假，远高于国家法定年假天数标准。在产假方面，胖东来在国家政策规定的产假时间基础上又增加了 3 个月。

从商业的角度来看，可以说胖东来的休假制度的确不符合逻辑，是"反商业"的。但从人性的角度来看，谁会说休这么多天假是反人性的？谁会不喜欢多一些自己的时间来陪陪家人和孩子？

想来，这就叫"顺人性做事，逆人性做人"。

做事，于东来顺的是员工们需要休息、需要与家人团聚的人性；做人，于东来逆的是自己贪大图快、唯利益至上的人性。用他的话来说就是："休假是人性，是高于使命的。"

大家可以好好感受下这句话，笔者不知道中国有几家企业会把休假看得比使命还重要，我们平时听到更多的声音应该是"使命高于一切，责任重于泰山"。无论是使命还是责任，最终都需要人来扛，可却很少看到企业对人的关注与尊重……

再讲一个让人深有感触的小片段。

走到戴森柜台时，同行的一位老师和柜员聊了聊，他问柜员是不是胖东来的员工，柜员说不是，他是戴森厂家的人，但是会全面遵守胖东来的管理规定和服务规范。老师又问："既然你是厂家的人，工资又不是胖东来发，你心里真的会接受胖东来这么多的规章制度吗？"柜员回答得很肯定，他说会的，因为胖东来会帮他们维权。

后来一打听才知道，除了维护自己员工的利益外，凡是在胖东来开设专柜的品牌，胖东来都要考核它们给员工的福利和薪酬。比如，胖东来会考核品牌有没有按规定足额给厂家的人缴纳五险一金、工资是否低于胖东来规定的最低标准，如果不达标就不允许在胖东来开设品牌专柜。也就是说，除了自己的员工，胖东来还在尽力帮助更多的人，让他们也享受到该有的福利待遇，也体会到爱的感觉。

坦白说，写到这里，笔者有些词穷，不知道该用什么样的词来描述胖东来对员工的这份重视给人带来的感触。当然，或许也无须多言，其中的温暖、感动和爱，笔者相信每个人的心里都能感受得到。

结语：胖东来的背后，果然有"高人"

如果一定要用一句话来概括胖东来的成功之道，可以这样描述，那就是**"胖东来的背后，果然有'高人'"**。

"高人"是谁呢?是一个个信任胖东来的顾客,是一个个忠于胖东来的员工,是那些感受到真诚、善良和爱的老百姓。就像豫剧《焦裕禄》中的那段经典唱词:"老百姓心里有杆秤,知道你是重还是轻。老百姓心里有面镜,知道你是浊还是清。"

这种信任和忠诚胖东来是怎么得来的呢?来自两个方面。对外,它不把顾客当傻子,没有那么多"钩心斗角"和"尔虞我诈";对内,它不把员工当"成本",用完善的福利保障和真诚的爱来维护员工的权益和尊严。千言万语一句话:它懂得把人当人看。

这一切,也正如于东来在演讲中常常强调的那几个朴素到不能再朴素的道理:

"把员工当人,把顾客当人,也把自己——别人眼中的企业家——当人。"

"企业家要活得像人,不要只为挣钱,成了功名的奴隶。"

"企业要想办法给员工增加收入,人家才能全心全意在这里干。一家企业,爱员工是第一位的,其次再谈爱客户。"

对于外界的"封神"评价,于东来的回应也让人深感震撼。他说:"我们仅仅是做得善良了一点儿,真诚了一点儿,这样就被'封神'了,这难道不是中国企业的悲哀吗?"说这话时,他潸然泪下。

最后,回到本章开头的问题:我们为什么如此热衷于讨论胖东来?

这背后当然有对胖东来一系列举措与理念的支持和赞许,但背后的背后,其实是我们每个人心中对工作顺心、生活幸福和那"站着也能把钱挣了"的美好理想的向往。至于各家企业到底能从胖东来学到什么精髓,于东来其实早就回答过了,他说:"你对老百姓多一点儿好,就啥都有了。"

延伸
阅读

于东来的商业理念

01.

伟大的企业,不论大小,一定是能给社会带来美好的企业。

02.

对我来说,胖东来是一所学校,我希望它能真正地影响更多的人创造爱、分享爱、传播爱。

03.

我们永远在活自己,做自己喜欢做的事。胖东来的经营理念是什么?**喜欢高于一切**。

04.

如何才能让我们的企业健康发展呢?首先我们要建团队,我还没有发现有一家企业是发自内心地想建团队的。我们不要因为责任,而是要因为喜欢才做这个事。因为喜欢,所以开心。

我们应该像芒格、巴菲特、韦尔奇和比尔·盖茨这样的企业家一样,因为喜欢、因为自己乐在其中而干企业，而不是为了挣钱。有正直的使命感，才能让这个社会更美好。

05.

钱好还，人情不好还，那个时候我就觉得胖东来不是我自己的，而是大家的，是社会的，我只能把这个企业往更好的方向带，没有任何权力践踏这个企业。

那时候就想着让胖东来的门店遍布许昌的每个街道，让老百姓买东西方便、放心，那时候是这样的梦想。⊖

06.

干了这么多年，我做得最多的就是分权和分钱。

07.

企业发展得越好，老板占的效益比例、收入比例越低，最好是三七开的状态。打个比方，将来一年能挣1个亿的时候，7000万元是团队的，3000万元是股东的，这样做企业，团队愿意干，股东愿意投资。比例要像Costco（开市客）一样非常健康，哪怕做到五五开也行，千万不要把所有的钱都装在自己的口袋里。

08.

老板们若是舍不得拿出50%的利润分给员工，那就别到胖东来学习了，来了也学不会！

⊖ 2023年6月，于东来谈及1998年胖东来遭遇恶性纵火事件，整个超市都被烧光了，他一度心灰意冷，在乡亲和顾客的帮助下才东山再起。

09.

经历过的人知道,在企业生存阶段,只要体现出尊重、爱、公平,活下去是没有问题的。

10.

我们仅仅是做得善良了一点儿,真诚了一点儿,这样就被"封神"了,这难道不是中国企业的悲哀吗?

11.

我们牢记着企业的做人理念和做事理念:你心我心,将心比心,不是自己的坚决不要;不急功近利,要从一点一滴的小事做起。

12.

盲目地发展,无论将来结果如何,过程一定是辛苦的。

就像夫妻的生活规划,总是想着有钱了再享受生活,再好好地相爱,再让孩子更幸福,等到多年以后真的有钱了,健康没有了,美好的时光也被浪费了,这就是我们的生活方式。很多人还不知道自己的这种生活方式是多么悲哀。

13.

要放下竞争的心态,放下嫉妒心。因为嫉妒会让自己很痛苦,没有意义,这是在伤害自己。我们要做智者,一定要学会爱自己,远离嫉妒、小心眼儿、虚伪这些会对自己造成伤害的东西。

要有成人之美的心。在跟对方竞争的时候,就做好自己,做好了就去传递美好，自己做不好而别人做好了，就把店关了，让别人去干，不影响别人去创造美好。有这样的心态，不可能不幸福。

14.
最重要的是老板，老板不改变，下面的人再改变也没用。

如果我们不是老板，而是基层的员工，那就韬光养晦，要有这种胸怀，慢慢去积淀自己的能量。等自己将来当老板的时候，做一个智慧的老板，要超越自己之前的老板，做一个更美的人，这样才能对得起我们的生命，这才是更理性、科学的方法。

15.
欲望大于能力，是一种灾难。 当不成熟的时候，钱挣得越多，可能挖的陷阱就越大，这时候钱不是甜蜜的，而是会成为毒药。

16.
不要把顾客当"上帝"，要把他们当家人。

17.
在不利用他人、不伤害他人、不违背良心的基础上，做自己喜欢做的事情。

这样，就保证了我们的人从品格上是健康的人，知道什么是爱和尊重，知道什么样的事情能做、什么样的事情不能做，最终知道要活自己，而不是为别人而活。

第 6 章

比优特：年入超 50 亿元[一]，从鹤岗走出来的隐形巨头

先给大家一点东北超市的震撼。图 6-1 是东北某超市冷冻区的照片，细看没有特别之处，只是多了一双可以防止顾客冻手的乳胶手套。

图 6-1 超市冷冻区配备的乳胶手套

[一] 数据来源：2024 年 6 月 6 日，中国连锁经营协会（CCFA）发布"2023 年中国连锁 Top100"榜单，比优特排名第 73 位，销售额（含税）总计 546 067 万元。

图 6-2 是该超市的官网上的截图,有顾客说自己称重时被不礼貌对待,店长第一时间调取监控并备上礼品致歉。

图 6-2 超市官网上给顾客的回复

该超市的价格承诺是:如果 2 公里内还有更便宜的商家,双倍返差价,最高返 500 元。

这家不走寻常路的超市叫作比优特。1996 年,它从鹤岗一家 6 平方米的化妆品店起家,后来进入超市行业,在 2012 年建起了集购物、休闲、餐饮、娱乐为一体的比优特时代广场,一跃成为"鹤岗 CBD"。

发展到今天,比优特一路把超市开到了哈尔滨、沈阳等城市,成为一个旗下员工超 1 万人、门店近 70 家的连锁超市品牌。在如今人人喊着生意难做的大环境下,比优特业绩逆势增长,在 2018 ~ 2022 年的 5 年里,年均销售增长率达到 20%。

2023年，它还接手了家乐福在大连等地的12家门店，只用原有面积的一半，就做到了原店闭店前近两倍的销售额。到2023年底，比优特的销售额已经超过了50亿元。

一家小小的化妆品店，为什么能从五线小城市鹤岗脱颖而出，成为今天的"东北超市一哥"？在这条逆袭之路上，比优特有何更深层次的经营秘诀和商业逻辑？笔者结合对比优特董事长孟繁中的采访，进行了一次深度的探究，与你分享。

90万鹤岗人，养出年入10亿元的超市

在小红书、B站等社交平台上，能看到很多网友去比优特探店的视频，视频里往往人头攒动，显示着超市生意的异常火爆。在视频里，**你会看到有几个频繁出现的关键词，那就是便宜、好逛**。做生意最常见的两个词——价格低、品类全，基本上就概括了比优特的制胜秘诀。看似简单的两点，要做到却不容易。

先说说价格低，大家都逛过菜市场，比优特喊出的口号是：比早市还便宜。

其实比优特超市日常的商品售价就已经很低了，这得益于其优质的上游供应链，在每年的四次大促（3·8大促、6·18大促、8·19

大促、11·11大促）期间，全场商品更是低至4.9折起，甚至是3.8折起，这也是老百姓疯狂购物的时期。

在比优特还经常能看到这样的场景：理货员在前边贴着促销宣传广告，一些大爷大妈"亦步亦趋"地跟在后边，把打折的商品火速放到购物篮里。可以说，在让百姓得实惠的同时，这也体现了比优特对"让百姓生活更美好"使命的有力践行。

2019年，由于价格太高，90%的比优特员工都不会从自家超市买东西。创始人孟繁中发现后，开始大刀阔斧地砍价格。比优特和厂家、供应商爆发了许多次激烈的冲突，才在一次次拉锯战中把价格砍了下来。

一般的大卖场还有地堆费、进场费，比优特更是直接砍掉这部分费用，从而降下了4000多个单品的价格。

最关键的是供应链变革。沃尔玛、家乐福等绝大多数超市采用的都是当地供应商把整件商品送到门店的方式，这就意味着门店需要大面积的仓库，员工要经常在库房找货、在门店忙着补货，有时还要面临缺货的问题。

比优特根据自身情况独创出"日日配"模式，按需为门店配送货物，每天订货、配货，设定好库存量后，销售了多少，就订多少补齐。每天从区域配送中心配货到门店,也就解决了缺货、断货以及大库存的问题。这样一调整,门店的员工成本大大降低,顾客也就能买到更多实惠的商品。

比优特还有一个制胜法宝,那就是品类全。去逛过比优特的顾客都知道,这家超市的东西从酒水、生鲜到日用品、干货、熟食等一应俱全,可以满足不同人群的不同需求。

为了让顾客买到又好又全的商品,比优特会在全国乃至全球搜集好吃的虾,也会满世界地去找哪个地方生产的笋好吃。

什么才叫品类全?在创始人孟繁中看来,就算有 18 000 个单品,一个月却只有 5000 个产品动销,也不叫品类全。**所以,比优特一直遵循的原则就是不断优化更新商品,不能动销的一律"干掉",卖得好的爆品就多卖。**

如此一来,商品便宜,品类还多,自然能吸引东北当地老百姓的打卡式购物。难怪孟繁中曾直言:"鹤岗现在是 89 万人口(含两个县),比优特十多家超市,现在年销售额做到 10 多个亿。"⊖

孟繁中不无自豪地和笔者分享了一个小故事。有位同样出自鹤

⊖ 联商网:《比优特董事长孟繁中:企业最大的隐患是没有创新》。

岗的企业家，与母亲一起在北京居住，有一天老太太去逛北京当地的超市，说的却是"我去比优特了"。在她心里，比优特就是超市的代名词。

为什么比优特能在鹤岗人心中占据如此重要的地位？再往深层次探究，如果说便宜、好逛能让顾客走进比优特，那么"超出期待"的服务才能留下顾客。

什么是"超出期待"的服务？其实就是一件件落地到日常的小事。这些小事看起来很小，也不是顾客要求的，但是当回过头来细品，会感受到一种无声的关怀。

举几个关于比优特服务的例子，相信大家看完会有所感触。

第一件事发生在哈尔滨的某个门店。有位顾客买了一袋散装大米，他结完账走出超市了，不小心把袋子掉了，米散落一地。超市员工看到后立马过去帮忙收拾，并且给顾客重新换了一袋新的大米。

第二件事发生在鹤岗。有位顾客不小心将两瓶啤酒打碎了，她特别不好意思，马上要拿钱给补上。员工看到后，马上就过来问："扎到您了吗？没关系，我来收拾就行。这酒我们店里承担，不用您赔偿。"说着就给顾客重新拿了两瓶啤酒。

在比优特有一项规定，顾客在店里不小心打碎商品，不用顾客赔偿，由公司承担。在创始人孟繁中眼里，顾客是因为来购物才不小心打碎商品的，所以这是门店需要承担的成本。

还有一些看起来更加微不足道的小事。例如有妈妈带孩子来购物，孩子哭闹不止，店员就会拿个棒棒糖、小玩具来哄孩子。又或者母亲没带纸尿裤，但是遇到了紧急情况，店员也会拆开一包新的纸尿裤帮忙解围……

在孟繁中看来，超市是一个买卖场所，每天面对的就是最普通的老百姓，所有一切都是围绕菜篮子和米袋子展开的。**那么超市能做的，无非就是在满足老百姓购物需求的同时，再帮忙解决一些小事，一切为顾客着想。**

比优特超市给自己的角色定位"东北人的家庭采购员"，正是希望员工在工作时，能把顾客和家人联系起来。可以说，比优特的服务都是围绕普通小事展开的，当员工看到顾客遇到一些情况时，首先会想到自己的家人如果遇到这些问题，会希望得到什么帮助。

当然，培养员工的理念是一回事，落实到位则是另一回事，像双手递物、微笑服务等准则背起来很容易，说起来很容易，但是要做到却很难。试想一下，超市店员除了要做好理货补货、打扫卫生这些本职工作，还要处理这么多烦琐小事，他们不会烦、不会累吗？比优特是怎么让他们做到的？

笔者试图探寻背后的原因。

就算是老板，也会被员工公开批评

其实执行没有那么复杂，想让员工说到做到，公司自己得先说到做到。因为员工很自然地会想："我作为一个员工，公司让我一切为顾客着想，让我说到做到。那么我为公司做事，公司该提供的支持、保障，对我也要说到做到。"

比优特的官网有个"每周答疑"的版块，有很多员工在上面发帖，犀利地指出管理层或者公司的不足之处。截至2025年1月7日，帖子数量已经超过15 500条。

你能在这里看到各种刺耳的批评和质疑，在每条留言下面，会有相应的管理干部做出回应，回应的开头先亮明职位和姓名，有需要的话也会留下联系方式，如图6-3所示。具体问题落实到具体的负责人，不留一点儿可以蒙混过关的灰色空间。

其实这个制度是创始人孟繁中主动发起的。很早之前，他就在比优特的各个超市设置了"董事长信箱"，并把信箱安置在没有监控、方便投信的更衣室。然后让助理刘文亮定期去开信箱，但每次收到的信都非常少。

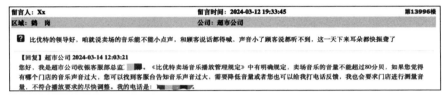

图 6-3　比优特官网回复员工问题

有了公司官网以后，为了让员工没有压力地说真话，孟繁中就设置了一个匿名留言的版块，还下令不允许任何部门调查留言人。

经过多轮的调整和优化后，这个版块成为今天的"每周答疑"，孟繁中也会亲自参与处理重要和敏感问题的留言。其中**还有一些对孟繁中本人不满的留言，他也会去了解和关注，并进行公开的讨论和答疑。**

有人会觉得这太狠了，简直就是把自己放在所有人面前进行公开"审判"。为什么孟繁中要设置一个这样的版块？真话往往难听又刺耳，为什么还要主动去听？而且外界也会看到，难道不怕别人质疑吗？听到了真话后，又为什么要一丝不苟地去处理和解决？

孟繁中的想法很简单。一方面是为了帮助员工解决工作中遇到的问题，为员工提供切实的保障；另一方面则是为了保护员工。随着比优特的门店越开越多，遍布东北各省，如果管理干部伤害员工，公司的一把手很难顾及。这便是孟繁中对比优特员工的说到做到。

为了更好地推行这项制度，孟繁中还派助理刘文亮担任员工关系经理。每当员工有问题但无法通过文字表述，或者碰到一些事情不方便和上司沟通时，就可以用电话的形式向他反馈。

有一回，公司副总经理做了一个错误的决策，导致一个课长被降职成了普通员工，当事人便向刘文亮进行了反馈。后来经过详细了解，错误的决策得到了纠正。

当时刘文亮只是一个中层干部，而副总经理是核心的高层管理干部。

为了维护一个基层员工的权益，中层干部可以纠正高层干部的错误，这在一般的企业，是几乎不可能发生的，但在比优特真实地发生了。由此可见，如果企业要让员工做正确的事，那就要拿出明确的态度，让员工敢作为。

给 200 多位员工买房，开除妹夫和小舅子

在比优特工作的员工，有很多都是它忠诚的追随者。它从鹤岗

发家，一路将业务拓展到了整个东北，先后在鹤岗、哈尔滨、沈阳设立总部。在这个过程中，很多已经安家定居的员工可能需要更换工作地。员工们大多是支持和理解的，也愿意随着公司去外地拓展业务。

中国人自古安土重迁，比优特为什么能让这么多人将个人情感暂时放下，以公司利益为先？这背后的原因不禁让人好奇。其实无非是始终坚持一点：为员工做实事，一切为员工着想。

话又说回来，那么多人背井离乡，为了公司业务在另一个城市打拼，公司该怎么让员工安心工作呢？

2017～2024年，比优特为183位管理干部每个人拿出了25万元的买房补贴。而现在，每个月2100元的房补待遇已经成为所有管理干部的标配。

孟繁中自己在海南买了房子之后，还制定了方便公司干部海南购房的政策，截至2024年，已经有20多位公司干部在公司政策的支持下在美丽的海南买了房。另外，公司中层管理干部还有每人12万元的购车补助，高层干部的工作购车补助最高达100万元。

这样的例子还有很多。

一位在比优特创业初期加入公司的老员工退休后，患上了乳腺癌，她因为经济条件而看病困难，孟繁中个人和公司先后给她拿了三次治疗费，共计25万元。基于此，比优特设立了集团中高层干部大病救助基金，解决他们未来的患病之忧。

一位曾经对公司财务部的发展影响很大的老员工买不起房，孟繁中个人给她拿了18万元，加上特批公司干部购房补助，使她住上了当地几乎最好的小区。

公司一位快要退休的老员工生病，比优特拿出了10万元，帮助她度过困难时期。

除了工资，春节、端午节、中秋节，甚至妇女节、圣诞节都会有福利发放。而且，比优特每年都会给员工上调工资，福利待遇的标准也在逐年提高。在一些环境艰苦、冬季较寒冷的门店，员工还享有高寒补助。㊀

最值得一提的是，在2023年，比优特给5200多名普通员工每人涨了500元的工资，这一涨，公司一年就要多支出3600多万元（含社保），加上同期给干部涨的工资，比优特一年多发的工资额就达到了5000多万元，这在当时实属不易。

㊀ 孟繁中.不忘初心：我和比优特1996～2016[M].哈尔滨：东北林业大学出版社，2019.

在宣布涨工资决定的当天，比优特超市哈尔滨呼兰店的生鲜理货员李洪波在企业微信"同事吧"中留言说："董事长曾说，'让每一个比优特人越来越幸福，是我一直在追逐的梦想，也是我内心最纯真的一面，更是我永远抹不去的那份初心'，因为董事长不忘这份初心，我们将过上更有尊严的生活！我们将用真心去对待我们的工作，力争在努力提高效率、提高标准的过程中，做得越来越好。"

"早上醒来就看到涨工资的消息！兴奋地一口气爬到山顶看杨梅，回来又开车 100 公里去看枇杷。有回报的付出最令员工振奋！相信大家携手前行，会让比优特越来越好，我们也会成为越来越优秀的比优特人！"这是常年在全国奔波的生鲜采购员陈志新的留言。

这些留言无不让人强烈地感受到比优特员工的幸福和感动，同时也让人感受到了比优特员工的高度获得感和归属感。

但比优特为员工着想，并不是一味地提高待遇，更重要的是注重公平。

百媚生化妆品（比优特前身）创立之初有个小故事。当时鹤岗下了一场大雪，导致公交车停运，有很多员工因此而迟到，只有少数人没有迟到。如果处罚迟到的人，就显得不够人性，但如果不处罚，那么对没迟到的人就不公平。

创始人孟繁中是怎么做的？他给没迟到的员工每人奖励了一个价值 50 元的化妆包，这样既让迟到的人感到合情合理，还让没迟到的人感到心理平衡。

东北是个人情味儿浓厚的地方，为了维护公平，孟繁中需要把人情和制度平衡到极致，但也时常因为这两者的冲突而痛苦。

为了不让员工"拼缝"⊖，孟繁中主动提高员工的工资；但有人涨了工资后还是违反规定去"拼缝"，最终被开除。

比优特为员工提供各种福利待遇，但只要涉及违规，不管事情大小、不管是谁都会进行处罚。有员工因为违规拿了一条价值仅 1 元钱的方巾被开除，孟繁中的妹夫因为违反工作规定被开除，小舅子也因为违反礼金管理制度被开除……

企业对员工有情，但前提是员工要遵守制度。就算是董事长的亲戚，也不例外。无论是提供各种福利待遇也好，抑或是维护公平也好，我们会发现这一切的根源，都是员工的利益，一切都是为了员工着想。都说比优特的员工重视顾客，但在这背后，其实是因为比优特是一家足够重视员工的企业。

⊖ 指店员利用信息差赚取提成、佣金、差价。

背后的缔造者

一家企业的气质,源于他的掌舵者。比优特重视员工、重视顾客的独特气质,可以追溯到它的创始人孟繁中。在孟繁中心里,他人似乎永远摆在第一位。正如他的微博和微信签名所说:大家好才是真的好。

他想让顾客好,但他认为要做到这一点不是简单地为顾客着想,而是应该站在顾客的角度思考问题。所以他会以顾客的身份去自己超市买东西,当用手从冷冻柜里拿起商品时,自然而然就会想到,顾客可能冻到手。

用孟繁中的话来说,为顾客着想,是妈妈以为孩子冷;但站在顾客的角度思考问题,是当自己成为顾客时,才会知道买东西的时候,超市有什么地方会让人难受。

就在采访前几天,孟繁中到门店巡店时又洞察到了一个细节问题,顾客在自助收银台结账的时候,如果遇到问题,需要自己去找附近的收银员解决。可由于一个收银员需要负责多台设备,所以顾客找收银员的时候多数都是很不顺畅的,这是多数顾客的"痛点"。

孟繁中对此进行改进,让收银员必须注意自助收银台的提示灯和提示音,提示灯亮了,就必须立即主动上前为顾客解决问题,如果当时正在为其他顾客服务，也要立即主动告诉顾客："请稍等，我马上就过来。"

这样顾客就不会感到焦虑和难受了——这种变被动为主动的服务，能让顾客更安心，这就是"站在顾客角度思考问题"在业务细节上的又一次践行。

他也想让员工好，因为他曾经也是一个普通的打工者。

孟繁中曾经在一家单位工作，受到了不公正的待遇。在一场竞选中，由于另一位候选人有关系，所以他成了陪跑者。也正因如此，他才走上了创业之路。

他曾经在火车上卖报纸，遭到过异样的眼光，自尊心受到伤害；也曾经在广场上摆过地摊，凌晨3点起床去占摊位，晚上九十点收摊，饿着肚子舍不得吃一碗两三块钱的馄饨。

他做过推销员，睡过又潮又凉的箱子，每顿都吃包子；还遭到过一个批发商的威胁，被指着鼻子骂："你再敢在我这片推销商品，我让你出不了七台河。"

在为了开超市贷款时，他遭到当时的负责人的否定、贬低和刺伤，这位负责人甚至说着说着就把背对着他……

孟繁中说自己熬成了"婆婆",不想再让员工受自己当"儿媳妇"时的苦。所以他很重视一线,不管员工是储备管理干部还是身处其他职位,都必须先从基层工作开始,然后再做储备课长、课长、储备店长,再到店长或经理之类的岗位,所有干部必须经历这个路径。

2002年比优特超市开第一家店时,有员工为公司抓了一个小偷。为了让该员工和其他同事安心,不用害怕遭到打击报复,孟繁中立即召集员工并表示:"今后只要是因为工作、为比优特负责任而得罪人,遭到他人威胁和报复,因此受伤害而不能正常工作的,比优特就负责养他一辈子。如果我做不到,大家可以集体辞职!"做出这个决定,正是因为他也曾在一线遇到过危险,理解员工会有什么想法。

推己及人,想他人之所想,成为比优特在对待顾客、对待员工方面最大的特色,也成了比优特走出鹤岗,走向整个东北的独门"法宝"。

结语:"大家好才是真的好"

为什么比优特能从鹤岗走出来,走向整个东北?背后的关键理念或许就是创始人孟繁中的那句个性签名——"大家好才是真的好"。这也是那一辈企业家们最朴素的愿望——想让大家都好。

对比优特而言，在外，它希望顾客买得开心；在内，它希望员工工作得幸福。

这种对"好"的期盼和向往，让比优特将自己的每一条制度都落到了实处，每开一家新店就受到当地人的追捧，也让员工感受到企业的呵护。员工在任何地方都能安心地做好自己的工作。

这句话支撑创始人孟繁中走到了今天，也成就了今天的比优特。在纷繁复杂的商业逻辑中，这句简简单单的话，似乎揭示了商业的本质。

延伸
阅读

孟繁中的商业理念

01.

经营难不难,我觉得是一个相对的概念。中国存在一个 14 亿人的市场,大家都得吃喝拉撒,有这么大市场的存在,那做生意就有空间,问题只在于怎么把自己做好而已。

02.

替顾客着想是"妈妈以为孩子冷"的思维,我们要做的是站在顾客的角度思考问题。也就是当自己是个顾客,去感受购物过程中有哪些让人难受的地方。

03.

对员工是否诚信,要看和员工说的话能不能当真,说的和做的是否一致。如果一家企业对员工说得冠冕堂皇,做起来却只是随便应付,那是不行的。

04.

作为最高领导者,你的任何决策和判断都是基于信息的。所以我们如果想把事情做对,那就必须听真话,听到完整的、准确的、客观的信息。

05.

有些老板自己也当过员工,他们对员工有一种负向思维,叫"媳妇"熬成"婆"之后,再欺负自己的"儿媳妇"。但我用的是一种正向思维,我自己当"儿媳妇"时受过的那些委屈,不让员工再受。

06.

好的企业老板要善于学习,但是光学习不落实,那就是"耍流氓"。

07.

企业老板说的话不是"圣旨",员工不能因为是老板说的话就被"绑架",最终还是要对结果负责。

08.

在中国经营企业,不能全是硬邦邦的制度,也需要把握人情味儿,需要有同理心,为别人着想。

09.

为什么要做百年企业?做百年企业能带来什么?做了百年企业,但是员工不幸福,那也没有意义。

10.

经营超市每天面对的是最普通的老百姓,呵护的是老百姓的菜篮子、米袋子。所以在超市没什么惊天动地的大事,无非是帮老百姓提供便利、解决点儿小事。也正是因为没有大事,所以每一件小事都是大事。

第 7 章

信誉楼：从县城卖场到创造百亿营收，靠"诚信"二字，缔造商业传奇

那个让于东来推崇的人，走了。

2023 年 10 月 7 日，著名民营企业家、信誉楼创始人张洪瑞因病逝世，享年 78 岁。

这位和于东来并称为"中国商超界天花板"的人，在离世前依旧惦念着他人。讣告里写着："为遵从先生遗愿，丧事将从简办理，不设账房，不收礼金。"从中我们能体会到贯穿他一生的极简理念。商界再无张洪瑞的身影，但他传奇的一生，是一个时代的侧影。

他 1984 年创办信誉楼，头 6 年零利润，却在 2021 年营收破 200 亿元，缔造了一个商界"神话"。**在中国过去 40 多年的激荡岁月里，你很难再找到一个如此独特的坐标了。**

坐拥一家百亿营收的企业，他不许子女继承自己的股份，还把

岗位股份[一]都留给了老员工。除了商业成就，张洪瑞一生荣誉加身，还曾受到过国家最高领导人的接见。

张洪瑞一生没有曲折离奇、惊心动魄的故事，但在细微的平凡中透着伟大，他用一生践行了一句亘古不变的箴言："爱出者爱返，福往者福来。"

6年零利润，37年缔造200亿元"神话"

在常人看来，张洪瑞不是做生意的料。

一是因为他家里是贫农，文化层次低。

1962年，张洪瑞16岁，刚刚初中毕业，五门功课中有四门考了满分，总分为495分，成绩很好。但因为家里祖父年老、母亲多病、弟弟妹妹年幼，最终张洪瑞不得不放弃升学，扛起家庭的重任，赚钱补贴家用。

他为了谋生奔波，种过地、做过临时工。在劳动生产上张洪瑞是一把好手，但做生意这件事，他从没接触过。一个初中毕业、整天干着粗活累活的人，谁能想到他日后能缔造200亿元的商业"神话"。

[一] 信誉楼实施人力资本股权化制度，核心员工拥有公司岗位股份。

二是因为他人太傻，不会说谎，还喜欢吃亏。

别人觉得张洪瑞是个"傻子"。生产队队长能指挥别人做事，但他干的活最多、最累、最苦，挣的工分最低。在分配瓜果蔬菜上，他让大家挑选最新鲜的，剩下最次的留给自己，即便吃点儿亏，他也乐得其所。他还是出了名的"活雷锋"，经常免费帮人修缝纫机、灌溉农田。

他常说，自己没有多大能力，但无论干什么都用心干。不用心就只有经历，用心就会把经历变成经验。**多干就是多赚，赚了工作能力、工作经验、人脉和好口碑。**他的"傻子"举动，得到了当时河北省黄骅县（后为黄骅市）的公社书记夏相臣的认可，而夏相臣日后成了张洪瑞经商路上的贵人。

1984年，夏相臣升任黄骅县常务副县长，计划着在县城筹建"新兴市场"，为农民进城经商铺路架桥。恰巧张洪瑞找到他，准备为生产队皮鞋厂找几个店铺。

夏相臣动员他开商店，说："无工不富，无商不活。做生意来钱快。"张洪瑞说："无商不奸，我不会说谎骗人，怎么经商呢？"

当时有一位乡邻贾毓忠，民国时期曾是黄骅县的商会会长，他对张洪瑞语重心长地说："洪瑞呀，社会上是有'无商不奸，无奸不商'的说法，但那是说小商小贩的。确实有些小商小贩是靠短斤缺两、掺杂使假赚钱的，但大商不奸。"

贾毓忠接着说："在商言商，无利不起早。任何一个商人，都有利益诉求，都要赚钱，这是商业规律。不过，获利、逐利得有法、有道，才能真正掌握好、运用好商业规律，才是好商人。越是大商人，除了守法经营外，越要坚守经商之道。而越坚守这个道，最后才越有机会成为大商人。"

于是，在1984年底，放下锄头的生产队队长张洪瑞创办了一家280平方米的卖场，信誉楼由此诞生。

令所有人意想不到的是，开业头6年，信誉楼账面上的利润一直为零，但是张洪瑞仍在一次全体干部职工大会上自豪地宣布：信誉楼成功了！

"一分钱没赚到，这明明就是白忙活了，怎么能叫成功呢？"张洪瑞的"傻话"传出去后，引起人们阵阵讥笑。但这个头6年零利润的小商场，在31年后，成了商界的一个传奇。

2021年，信誉楼营业收入首次突破200亿元。中国商业联合会、中华全国商业信息中心联合发布"2022年度中国商业零售百强企业"

名单,即使多家门店因疫情长时间闭店,但信誉楼 2022 年的营业收入仍突破了 200 亿元,纳税超 9 亿元。

张洪瑞用了数十年的时间,向大家证明:**信誉楼真的成功了。**

利他,才能成为最大赢家

从一家员工仅有 30 人的县城卖场到营收 200 亿元的百货商场,张洪瑞靠什么缔造了一个商业传奇?无他,唯**"诚信"**二字。

就像公司的名字——"信誉楼"三个字一样,创立之初,张洪瑞坚守的经营理念就是"讲诚信,买卖不欺"。诚信不是喊出来的,而是干出来的。

1986 年,信誉楼才创办两年,就推出了"售货信誉卡",比国家"三包"政策早了 9 年,消费者能无理由退换货。张洪瑞把这个政策坚持了几十年。

一般来说,企业经营在诚信上有三个层次:第一个层次是说到做到,遵守合约,兑现承诺;第二个层次是在信息不对称的情况下做到不欺不骗;第三个层次是利他,切实为所有利益相关者着想。

在改革开放初期,创业者野蛮成长,投机者不在少数,但张洪瑞很"另类"。他将诚信看成经营命脉,最大的特点就是"真":真说到做到,真不欺不骗,真切实为他人着想。

在信誉楼,员工名片的背后印有一句话:"我利客无利,则客不存;我利大客利小,则客不久;客我利相当,则客可久存,我可久利。"简单来说,张洪瑞信奉的是顶级的诚信——利他。这句话贯彻在信誉楼的所有经营环节中。

首先,信誉楼把客户当家人。

张洪瑞指出:"我们不是卖什么的,而是帮助顾客买什么的。"

顾客去信誉楼买东西,如果导购员发现顾客要买的东西不符合其真正的需要,他可能就不会把东西卖给顾客。这不是因为导购员脾气大、服务态度差,而是因为信誉楼导购员的职责就是导购,为顾客当好参谋,帮助顾客买到合适的商品。

如果说有的商家研究的是如何利用顾客的"无知"、轻信,或者贪便宜的心理让他们上当,那么张洪瑞要求信誉楼去研究的则是如何给顾客提供最大的方便。

其次,信誉楼把员工当人看。

"我刚一干信誉楼就明白,不是顾客第一,而是员工第一。"在张洪瑞看来，人是第一要素。一切为员工着想，一切从员工的根本利益出发，员工就会愉快地干好工作，企业才能形成属于自己的核心能力，才能立于不败之地。为了让信誉楼所有员工共享企业发展成果，张洪瑞坚持"生而不有，为而不恃，功成而不自居"。

有些老板为了赚钱，严格要求自己也严格要求他人，把员工当工具人，但张洪瑞真正做到了把员工当人看。几十年间，他把岗位股份都给了老员工，而自己只保留了不到1%的股份。他还专门制定了规章制度，不允许子女继承和转让他的股份，更不允许个人控股。

在信誉楼，绝大部分的股权是由7000多名"星级"导购员与核心员工持有的。张洪瑞不搞家族企业，明言不让子女接班，通过民主的方式选出了公司董事长和总裁，而新任掌舵人都是从"站柜台"开始、脚踏实地成长起来的。

张洪瑞比胖东来的创始人于东来年长20岁，二者有着共同的经营理念。于东来不信仰宗教，但信仰善良、幸福和快乐。胖东来每周二雷打不动地放假，如果员工加班，公司会扣钱。

张洪瑞同样如此，他认为让员工快乐比赚钱更重要。每年春节，全体带薪放假七天，连中秋节、元宵节这样的销售黄金期，信誉楼都提前闭店。有人说信誉楼真傻，在销售黄金期却关门了。但在张洪瑞看来，"员工也是普通人，也需要佳节团聚、共享亲情"——成全别人就是最大的福报。

张洪瑞还制定了严格的规定：严禁内部员工之间请客送礼，严禁上下级之间节日互相走动，哪怕是电话拜年。看似不讲人情，实则充满人性，毕竟人情债最难还，如此便卸下了员工的经济和心理负担。

在企业里，**张洪瑞堪称是企业精神的总设计师**，他搭好舞台让员工唱红唱紫，用好心态、好品格的力量让信誉楼4万名员工去追求属于自己的成功人生，也成就了4万个幸福家庭。

最后，信誉楼在对待合作伙伴上秉持互利共赢原则。

早在20世纪90年代，张洪瑞就制定了一套属于信誉楼的《经营宗旨与信条》。他明确强调，要切实维护供应商利益，互利共赢是信誉楼和供应商的共同目标所在，不应为了自己的利益而让供应商受损害。

世界著名企业家松下幸之助曾说："管理没有花招，优秀的干部只希望按照秩序和正义行事。只有在真理和信任这两根柱子的支撑下，人才会强大。"

对张洪瑞来说，今天信誉楼的成功，源于他当年创办信誉楼时种下的诚信的种子——一开始就为他人着想的人，才是最大的赢家。

张洪瑞追求的不是利润的最大化，而是价值的最大化。他要求员工对企业和社会负责，把简单的事情做好，播撒愉快的心情。他视客为友，与供应商互利共赢。

身价百亿，不给子女留一分钱

张洪瑞白手起家，创造了一个商业奇迹，但这位百亿富豪对自己的衣食住行并不讲究。他没有专车、没有秘书、没有房产，即便是房价涨得最猛的那几年，张洪瑞也没动过赚快钱的念头。一个两居室既是办公室也是住处，长条布沙发、写字台、铁皮做的置物架……几乎是所有的家具，一用就是几十年。

每天下午四点，张洪瑞习惯喝袋酸奶，他会把用完的吸管用清水涮一涮，二次利用；一张抽纸撕开，分两次用；给客人准备的一次性杯子如果没用过，他也留着自己用……有人感慨他太节俭，令人心疼。但他却说自己是提倡享受生活，反对资源浪费。

除了对自己很"抠门儿"，张洪瑞对子女同样"吝啬"。女儿出嫁时，他没有购置嫁妆，也没有给儿子买房，子女借钱，连利息都不能少。他不是不舍得花钱，而是把钱花在了"刀刃儿上"，每年能砸下上千万元给员工做培训。

张建港是张洪瑞的小儿子,他曾回忆,父亲经常叮嘱三个子女:"企业不是你们的,钱也不会留给你们,想发展要自力更生。"

张洪瑞的两儿一女,在信誉楼都是从基层员工做起,逐渐打拼成为职业经理人的。他们没有继承股份,全部收入来自工资、奖金和他们的岗位股股权。

"子女要有能耐自己挣钱,不能当'富二代'",张洪瑞虽然没有留给子女钱财,却留下了最宝贵的财富——独立自强的精神,这比什么都重要。

他曾说:"当初信誉楼是张洪瑞家的,今天张洪瑞一家是信誉楼的。"行至暮年,回首往事能够做到无怨、无悔、无憾,是件难得的事情,而张洪瑞做到了。

结语:有商业的地方,便有美德

改革开放 40 余年,中国经济的高速发展离不开企业家群体。

现如今,中国的商业发展日益成熟,企业的使命不仅仅是赚钱,还需要承担社会责任。正如华为顾问田涛所说,质量、干净、责任,对企业家来说，是底线要求，也是崇高要求。

我们需要的是像张洪瑞这样的"傻子"企业家，坚守市场经济是道德经济，坚信大商不奸。正是因为他们，我们更加相信那句广为流传的话：有商业的地方，便有美德。表面利己的商业最核心的目的是服务于他人，服务于全社会的共同利益，商业，才是最大的公益。

一个良好的商业环境，是让普通人能够依靠自身努力收获面包和尊严，能够在工作中找寻意义和价值。愿我们都能感受到这样的善意和正能量。

延伸阅读

张洪瑞的商业理念

01.

做生意不能赚昧心钱，加价也是不讲诚信。

02.

做生意，监督咱的不是外人，而是自己的良心。

03.

有的人创业是想赚钱，通过赚钱体现自身价值，而我做企业就是想干成点儿事。

04.

我刚一干信誉楼就明白，**不是顾客第一，而是员工第一。**

05.

人是第一要素。一切为员工着想，一切从员工的根本利益出发，员工就会愉快地干好工作，企业才能形成属于自己的核心能力，才能立于不败之地。

06.

信誉楼作为一个企业，必然会存在各种问题，但是没有难题。存在问题，说明我们的潜力还很大，可以不断提升；要是没有问题了，企业就会发展缓慢、停滞不前，因为它已经走到了极限。**我们追求的不是尽善尽美，而是生机勃勃、健康长寿。**

07.

企业需要优秀的领导者，但优秀的领导者应该是优秀企业的"产品"，而不是原因。制度优秀的企业自然就"代有才人出"。

08.

找准企业定位，一切行为都不偏离企业目标，这是最根本的一条。**作为企业，不但要清醒地知道自己能做什么，更要知道自己不能做什么。**企业家的精力和企业的实力都是有限的，顾及太多的结果往往是精力分散、顾此失彼、事与愿违。

09.

企业赢利不等于成功，但成功的企业当然应该赢利，而且是长久赢利、可持续发展，并且对社会有益。信誉楼创立之初就没有追求短期利益，而是把追求成功作为最终目标。

今天我们能成功很重要的一条经验就是抗拒诱惑。一是抗拒暴利的诱惑，二是抗拒短期利益的诱惑。始终如一地用核心理念指导我们的经营和发展。

10.
不怕吃亏,你往往就吃不了亏。这是非常简单的道理。感谢生活的人,生活会给他丰厚的回报;抱怨生活的人,生活会给他百倍的惩罚。

PART

3

第三部分

世间好

第 8 章

九如城：扎根养老产业 15 年，做孝道的传播者

谈义良，九如城董事长。在朋友和员工口中，他不是"谈董"或"谈总"，更多的时候，大家喜欢亲切地叫他一声"老谈"。

老谈的人生经历不算特别离奇和复杂。农村出身，刻苦读书考上大学，毕业后分配工作，后来赶上市场经济的浪潮选择下海创业，与不少"60 后""70 后"企业家有着相似的创业路径。但不得不说的是，老谈做的事很与众不同。

在那个房地产还高歌猛进的发展阶段，地产起家的他并没有和大多同行一样"跑马圈地"，而是走上了一条别样之路——创办九如城，扎根养老服务产业。

坦白说，养老产业并不好做，需要不菲的资金投入以及一系列细致入微的服务工作。难得的是，老谈带领九如城走上了一条独特且符合国情的养老服务之路。

具体来看，2009年至今，15年的时间里，九如城在业内首创"养老综合体"服务模式，并以此为载体，将养老服务延伸至社区和家庭，打造出了适合中国社会的"四级体系，两全模式"。

所谓"四级体系，两全模式"，即通过"养老综合体—城市养老院—社区养老—居家养老"四级养老服务体系满足一定区域内的全部长者全生命周期的养老需求。

目前，九如城的这一养老服务模式已初见成效。机构遍布10多个省份、60余个城市；开设康复医院、连锁运营养老机构300余家，社区养老中心900余家，总床位数约60 000张；拥有员工10 000余人，服务惠及百余万家庭……

老谈为什么会与养老产业结缘？他是如何坚持下来的？这背后都发生了哪些不为人知的故事？带着这些疑问，笔者与老谈聊了聊。回顾下来，这是一个理想主义者追求理想的故事，一个关于责任、情怀和爱的故事。

少年和他的工程师梦

老谈创业故事的起点，还要从40多年前，他第一次和父母去上海时的所见所闻讲起。

从小在宜兴农村长大的他，十几岁时第一次见识到了别人口中的大城市到底长啥样。让他印象最深的就是上海那一座座高楼和一辆辆有轨电车，那种新奇感和视觉上的冲击老谈至今难忘。

"这些年有过太多太多的第一次，但最忘不掉的、回想起来甚至还会感到激动的，可能还是第一次在上海看到电车的那股兴奋劲儿。"老谈说道。

回来之后，老谈就把成为工程师当作了自己的梦想，大学时学了城市规划专业。当然，那个年代的选择是有限的，毕业后他被分配到宜兴下辖的一个小镇上工作，一干就是10年。

1992年"南方谈话"后，生产力加速爆发，乡镇集体经济的改制浪潮也随之而来，想起年少时的工程师梦想，老谈有些坐不住了。这年，他申请调到宜兴环保局下属的三产公司工作，不久后被派往昆山谈业务。

得益于宜兴在环保工程方面的口碑，老谈在昆山不仅拿下了污水处理厂的项目，还开拓了厂房建设这一新业务。看着活儿越来越多，老谈心里很高兴，也愈加忙碌起来。那几年，他和普通工人没什么区别，吃住基本上都是在工地解决。

谁要找老谈，旁人就会让人去工地上看看，但估计也发现不了他，因为他和工人们一样，一身衣服半身泥，根本看不出老板的样子。最忙的时候，他一年骑坏了三辆凤凰牌的"三八大杠"……在昆山揽工程的 5 年里，老谈对建筑项目的运作和执行有了深入了解，那颗工程师梦想的种子也迎来了萌芽的时刻。

1997 年 12 月 31 日，老谈对这个日期记得很清楚，因为这一天之后他便不从单位拿工资了，他要下海创业了。

当然，当时反对的声音其实是占上风的。"家里所有人都反对，太太反对，父母反对。虽然那个时候改革开放已经实施很长时间了，大家还是认为在机关工作比较好，做生意还是有风险的嘛。"权衡再三，老谈还是顺从了自己的心意。

4 个月后，中大建设集团公司（简称中大）正式成立，此后开始进军工业地产和房地产领域。

2000 年后，中国房地产市场迎来黄金时代，踏上这波浪潮，中大一路迅猛发展，老谈也成了企业里的头号工程师。在实现梦想的同时，他心里的另一颗种子也在悄然生长着，而这一次的抉择，他面临着比当年下海创业还要大的压力。

老谈，他要转行！

"成为一个好人"

2009年,房地产行业还在如火如荼地发展着,但出乎很多人的意料,老谈并没有和同行争着抢着去拿地开发新项目,而是宣布进军养老地产行业。

他要干一件名为"养老综合体"的事,在这个综合体中,老人们能够得到全方位的照顾,比如专业护理、休闲娱乐、养老养生以及临终关怀等。商业综合体大家都不陌生,但老谈的养老综合体在当时绝对是一个创新性的概念,没人知道这事儿能不能干成。

与房地产行业拿地—盖楼—出售—赚钱这种清晰的赢利模式相比,养老产业的赢利能力弱很多,运营的过程中还会涉及一系列的琐事和风险,需要时刻准备着应对突发情况。毕竟,服务人的行业本来就不好做,服务老人更是如此。

2009年,当老谈宣布成立九如城时,迎接他的有支持和鼓励,但更多的其实是不解和质疑。

"房地产行业如日中天地发展着,跑去做养老,图什么呢?"

"养老本来就不是个赚钱的领域,没见哪家专门做养老的企业赚了大钱。"

"先不说以后能不能赢利,这种'养老综合体'的模式之前就没人尝试过,你为啥非得当这第一个吃螃蟹的人?"

…………

这些质疑之声不是毫无道理的,老谈心里也很清楚,养老产业要想在短期内获得可观的回报绝无可能。他坦言:"有很多是理想主义的东西,说好听一点就是实现自己的一个梦想。这个模式到底怎么样,未来什么时候会成功,什么时候赢利,我心中没底,完全是我脑中的一个设想。"

这就引起了笔者的强烈好奇,企业家都很看重"谋定而后动",没有谁会主动做心里没谱儿的事,老谈怎么就敢凭一腔的理想主义去做这样一件近乎看不到未来的事?这背后可是数以亿计的真金白银的投入啊。

后续的访谈中,笔者找到了这份理想主义的源头——**老谈奶奶的言传身教。**

老谈从小受奶奶的影响很大。奶奶懂点儿医术,是村里的接生婆,也是村民口中的好人。无论去谁家接生,她从不收对方礼钱,只拿一个喜蛋。平日里遇到上门乞讨的人,即使家里再窘迫,她也会让人吃一口饱饭,有多余的衣服还要给上两件。

老谈说，奶奶不会讲太多的大道理，但有一句话是她经常在孩子们面前一遍又一遍重复的，那就是：**"帮助别人比接受别人帮助好，有能力去帮助他人的时候一定要去帮忙。"** 此后几十年，"一定要去帮忙"这六个字成为谈家的家风家训，老谈的父亲则用"人善人欺天不欺"道出了这六个字背后的精髓。

奶奶离世那天发生的事对老谈的触动也非常大。附近几个村几百号村民纷纷赶来给他们心中的好人送行，有的人甚至是前一天晚上出发连夜赶来的。

那天，老谈跟在长长的送葬队伍后面，看着十里八村的村民们对奶奶的那份怀念和感激，他在心里问了自己一个问题：**"当我离开这个世界时，能不能也让人说'谈义良是个好人'？"**

当老谈第一次走进养老院时，他看见老人们就那么静静地躺在床上，眼睛里流露出的是麻木和对未来的绝望，老谈被深深地刺激到了，他说："这种养老就是吃饱穿暖等待生命的结束，真让人感到窒息。"

在老谈看来，这些为社会贡献完青春的老人，他们的结局不应该像这样被遗忘在角落，等待生命的凋零。

那一刻，老谈知道他该如何成为一个好人了，那一刻，他把自己后半生的事业赌在了一件事上：**做养老事业，让长者安度一个开心、幸福、体面的晚年。**

养老产业破局点：做人的"心"上事

可养老这件事做起来又谈何容易呢？

政策上，当时在政府的体系里没有专用于养老的土地类型，老谈就带着筹备小组一次次往机关单位跑，把自己要做的事详细地讲给领导听，最终拿下了用地指标。

模式上，养老综合体概念首开先河，没有先例可循。老谈就用 4 年时间，跑了全球 40 多家顶级养老院，学习它们具体是怎么运作的，还写下了 50 万字的养老考察报告。

人才上，专业护理人员的数量完全不能满足市场所需，能把养老工作当成一项事业来长期坚守的人更是少之又少。老谈就自己办培训学校，**并承诺凡工作 15 年以上的员工，九如城负责给他们养老。**

更让人感到难受的，是外界的风言风语。但老谈不做过多解释，继续潜心投入养老综合体的建设。

其间，也不是没有投资人找老谈聊过，但当他们不约而同地提到要在几年内实现赢利、获得多少回报时，老谈意识到，这件事恐怕只能靠自己单干了。因为在老谈看来，养老产业当时还没有办法实现赢利，而企业只有不把赢利放在第一位，才能够真正做好这件事情。

他说："合作者进来了如果不同意我的方向，我的理想就会被搁置。股东进来了，就需要选举、开会、投票。现在是我自己的钱，即便做错了，也是我自己买单。如果有其他股东，就要为股东负责。"

就这样，在养老地产上，老谈做了10年，亏了10年，投了整整50亿元进去。

在这样一件不赚钱的事上坚持10年，还要投入如此之多，支撑老谈做下去的除了纯粹的理想主义之外，一定还有着更深层次的动力。事实上也的确如此，10年的实践中，老谈找到了养老产业破局的方向和希望所在，那就是做人的"心"上事。

"真心、细心、爱心、孝心、用心，当每一个九如人用心去做的时候，就没有什么做不好。九如城要将这样的'五心文化'带给每一个客户、每一位长者、每一个家庭。养老就是这样一件唯有用心才能做好的事情，当一切从心里出发做一件事情的时候就能做好它。"老谈说道。

所以这10余年来，在九如城建设"养老综合体—城市养老院—

社区养老—居家养老"四级养老体系,以及提供医、康、养、教、研相融合的养老服务的同时,越来越多的长者体会到了九如人的那份诚挚的心意,越来越多的家庭对养老产业有了新的认知。

老谈讲了一个真实的故事。

九如城一位22岁的年轻护理员陪伴了一位老人两年的时间。一天,老人突发脑梗被送进ICU,此后又昏迷了3天,见此,他的家里人开始准备起了后事。

这位护理员得知后,给老人的家属打了3个电话,当时老人家里忙着准备后事,没接上电话,他又编辑了一条长长的短信发给了家属:"我照顾他有两年时间了,心里面有很多的不舍。其实在我心中他已经是我的爷爷了,我心里有他,我还是想去看看他,看看爷爷。"

家属被这位护理员感动了,同意他到ICU看一下。这个孩子就在床前握着老人的手,边哭边喊着"爷爷,我来看你了",这么呼喊了大概3分钟的时间。谁也没想到,老人手突然开始抖动,眼睛慢慢睁开了,他就这样把老人从死神的手上拉了回来。

老谈把这称为"生命的故事",这种生命的故事在九如城还有很多。老谈自己每年保持着2次"大走访"的习惯,他会去各地的养老院走一走、看一看,和长者们说说话,去了解他们的每一处生活细节。

此外，为了激发长者们内心对生活的热情，九如城还会根据他们的年龄和生活状态做不同的养老规划，为长者们创造能够展现和贡献自己价值的场景。

比如，开办"四点半学堂"，小学生放学后，如果家长还没有下班，老人们可以在学堂里教孩子们各方面的社会知识；还有建立"银龄成长中心"，引导长者发现自己的兴趣爱好，比如栽花养草、保健和琴棋书画等，组织大家开展活动，实现自身的价值；以及建立"社区服务中心"，鼓励长者在机构中参与社区活动，一起创造价值。

这就是心与心的交流，它超脱于生意，却又在潜移默化中滋养着九如城的这份事业。正如老谈所说："市场要听到老年人内心的呼唤，看到老年人的需求，解决老年人的痛点。真正让老人满意、让家人安心、让政府放心。"

2019年，在成立后的第10个年头，九如城第一次获得了赢利。如今，九如城已在10多个省份、60余个城市开设了康复医院、养老机构和社区中心。

"有一分热，发一分光"

再聊聊老谈本人。

从上述的介绍中不难发现，老谈是一个典型的理想主义者，但他的这份理想并不局限在思想层面，正如他向笔者多次重复的那句话——**"重要的是践行"**。

老谈很喜欢鲁迅先生的那句名言："能做事的做事，能发声的发声。有一分热，发一分光，就令萤火一般，也可以在黑暗里发一点光，不必等候炬火。此后如竟没有炬火，我便是唯一的光。"

这些年里他做的事情大多带有浓厚的公益色彩。用他的话来说说是，任何时候，我们都不应该丢失那份作为人的善良和慈悲心。他说：

"所有人出生的时候，上天给他的善良都是一样的。孩子的眼睛是明亮的，因为他们内心光明，没有被污染。但是有时候我们会发现有的人慈悲心越来越少，这是为什么呢？

"人就像一个容器，如果里面不好的东西超过了好的东西，容器就变坏了。那些慈悲心变少的人，对于物质利益和欲望的追求逐渐超过了原有的善良和慈悲心，容器就变坏了。"

2008年5月，汶川地震发生后，老谈在一周之内把筹集的100余万元善款悉数捐给了灾区，并亲自带着由16名中大员工组成的"抗震救灾小组"，奔赴汶川参加安置房的建设工作。

他在日记中写道:"由于道路被毁,每人要背负药品徒步进入山区,每个人携带的药品,满满地装了一大包,加上其他急救工具及自备日用品,总重量35公斤!路上,与当地的志愿者交流慰问,徒步往返的距离长达14公里左右……"

回来后,他自筹经费招了一批退伍军人,付工资让他们每年只做一项工作:去社区教老百姓防灾、救灾,做逃生自救演练。分文不收。

2020年初疫情来袭,武汉养老院的护工人员面临极大缺口。老谈得知后立即组建了一支40人的"九如城养老抗疫支援服务队",于当年2月前往武汉,为当地养老院提供支援。

值得一提的是,在成立服务队的动员会上,年近60岁的老谈是第一个报名的,这让旁人既不解又担忧。

"形势这么严峻,说感染就感染。你一个快60岁的人,怎么敢说去就去呢?"一些心直口快的朋友直接"破口大骂":"神经病,哪有董事长第一个去的?"儿子谈俊儒实在不忍,想替他出征,老谈拒绝了。

眼看劝他的人越来越多,老谈说:"疫情来了,大家害怕很正常,但我作为董事长如果不冲在前面,团队里就没有那根定海神针。退一步讲,号召是我提出来的,我有什么理由让别人的子女和孩子的父母上前线,自己躲在后方指挥呢?我不站出来,所有的口号都是空喊!"

撂下这些话，他就带着队员义无反顾地出发了。

在武汉的 33 天里，从不被理解到走入人心，老谈和九如城的志愿者与武汉的长者们书写了一幕又一幕动人故事。这方面，我们可以通过一些员工的日记感受一下。

在楼层服务的过程中我们遇到了一位长者，家庭变故的打击使得老人家完全失去了记忆，她不记得人，不会使用马桶，甚至不会摘口罩……

刚开始，她对我们也表现得很漠然，我觉得很心疼，但是我们并没有把她看得和别人不一样，耐心地告诉她要戴口罩，要洗手，要喝水，固定时间引导她上卫生间，并且教她怎么做。

老人家非常配合，做得很棒我就夸奖她，很快她不再抗拒我们，有时候还和我们有说有笑。虽然她一直活在自己的世界里，但我们还是陪着她一起笑，后来我觉得她已经把我们当成家人了。

有一次连续两天她都在哼同一首曲子，能听出来是专业级的，我问她："奶奶，你唱歌怎么那么好听呢，是专业级的呢，你原来是做什么的呀？"她哈哈一笑，真的像个孩子。

我在想，老人家余生一直像个孩子一样生活也未尝不是好事，单纯而美好。我们祝福她!

——记录人:游晓素

今天终于在我支援的护理十一楼零距离接触长者了,这层楼中有一个九十多岁的中度失智长者。组长说他九天没有洗澡了,希望我能去做他的思想工作。

我过去和他聊了起来,听他说了很多以前的事情,他说他是学医的,知道自己要洗澡,但就是不喜欢护理人员那种命令式的态度。

了解清楚原因后,我找了男同事去协助他洗澡。后来我再去看他,很意外的是他居然透过防护装备认出来我了,他像个孩子一样对我说:"我答应你自己会洗澡的,这下你满意啦!"

我给他竖起大拇指,问他怎么认出我的。老人家说:"**我不知道你的名字,但是我知道你是个好人!**"

听到这里,我觉得所有的辛苦都是值得的。

——记录人:卢小霞

需要着重讲的一点是,当时志愿者们给老人洗澡是一件非常不容易的事。大家穿着厚厚的防护服,连续六七个小时不能喝水和上厕所,一些队员几度虚脱,险些晕厥。但在九如城"五心文化"的熏陶下，大家把这些老人真的当成了自己的亲人，心里想的是如果自己不用心帮他们，真的就没有人能照顾好他们了。

33天里，九如城没有一人临阵退缩，33天里，九如城的志愿者零感染。

离开武汉的那天，一些老人把自己平时藏起来、舍不得吃的好吃的打包塞给了九如城的志愿者；有的老人实在没什么可送的，就把自己的贴身照片送给了服务自己的年轻孩子，让他留个念想；还有的老人留了志愿者的电话，一遍遍地嘱咐"我想你了会给你打电话的，孩子你一定要接呀"……

离开武汉的火车缓缓开动时，老谈坐在车厢里，回忆起这30多天的一幕幕场景，百感交集。突然，站台上的铁路员工集体敬礼致敬，那一刻，老谈的眼角湿润了。

老谈说："我想，我们没有那么大的能力，但是我们必须有担当，这是每个人的责任。"

结语：养老的本质是"孝道"

老谈是相信福报的，全国各地的九如城养老院都会在醒目的地方竖起一块牌匾，上面写着："能为天下长者服务是我们最大的福报。"

他在日记中写道："每一位长者都是一本厚厚的书,他们每一个人都有几十年的甚至是近百年的经历。我有一本很厚的笔记本,用来记录他们每一个人所讲的最让我感动的话。我立志,我的余生都要用来从事养老服务。"

当然,我们也都知道,养老这个听起来就难做的领域,先不说能做到什么程度、能赚多少钱,单是日复一日地坚持下来就已经是一件不容易的事了。

在一次产业大会上,回想起这一路的经历,老谈潸然泪下。他说:"九如城坚持走过十年,真的不容易。早期做养老的这批人,现在来到现场的真是不多了。我们尊敬的许多元老级的前辈,慢慢消失在人海之中。"

用冯仑的话来说,养老产业纯粹以商业为目的进行运作很难取得成功,"老谈做养老地产,履行企业家的社会责任是第一要务,其次才是考虑项目的可持续发展——赚钱"。

老谈为什么一定要坚持这件事呢?他的回答让人沉思:"这个产业很累,但总要有人去做啊,我们只能选择去做。做到人家来关注,做到全社会来关心,这不是一个人的事情,不是一个家庭的问题。再过二三十年,全中国可能 1/3 是老年人,到那个时候才关注,还来得及吗？来不及了。"

虽然自身是养老服务运营商的角色，但这些年来，老谈在公开场合更多谈到的其实是"孝道"二字。老谈对九如城的定位也不仅是提供养老服务，更是孝道的传播者。

在老谈看来，于长者而言，最有价值的并非吃好喝好住好，而是来自家庭的温暖与关怀。养老院再好，也抵不上家庭的能量，家才是老人的精神寄托。

如其所言：**"养老的本质是孝道，孝道的核心是家庭，家庭的向往是幸福，幸福的源泉是仁爱。"** 他希望在九如城的推动下，整个社会都能将孝道重视起来，希望全天下的子女都能尽孝有道。

基于此，九如城最初提出了"三个九年计划"，后来又以"三个十年"的规划来描述。

第一个十年是"十年九如城"，截至 2024 年 1 月，九如城已经实现了在全国 63 个城市的布局，形成了 19 个城市团队，实现了事业和团队的成就。

第二个十年是"十年九如家"，这指的是除了为老人提供各类服务外，九如城秉承着"人为为人"的思想，以帮助长者实现家庭幸福为导向，推进幸福家庭建设，为家庭成员提供系列课程，促进家风传承，让子女传播践行孝道文化，打造真正利益客户的服务产品。

第三个十年是"十年九如人"，其中的"人"不仅指九如城的员工、服务的长者和子女，更象征着社会的成长。在这个十年中，九如城将推动社会进入到非营利性的"志愿者时代"，终极目标是拥有十万名"仁爱同人"，让更多人参与到照顾老人的行列中来。

最后，用老谈的一段话作为结尾，相信你能从中感受到这位63岁的企业家后半生所追求的理想和那份矢志不渝的精神。他说：

"我计划干到75岁退休，未来十几年我依然会奋斗在养老一线。

"也许我们成为不了君子，但是不妨碍我和我的同伴们朝着君子的方向去前进；也许我们成为不了那天空中的皓日，但并不妨碍我们成为那温暖人心、照亮黑暗的一盏盏烛灯。

"如果每个人都成为一盏温暖的烛灯，并用自己的烛火点亮他人心中的烛火，那这个世界哪里还会有黑暗的存在空间？"

祝福老谈，也衷心地希望我们每个人都能对孝道有更深的理解和体会。多陪一陪父母、长辈——那些在你小时候宠你、抱你、哄你入睡的亲人。

> **延伸阅读**

谈义良的商业理念

01.

其实人生也是一样的，没有那么多的"早知道"。人生、事业都是在不确定的情况下延续，日复一日，年复一年。在不同的阶段经历不同的人和事，看见不同的风景。

02.

做事：专注、出色、有原则。做人：敦厚、谦虚、有诚信。态度：不争、不贪、不谄媚。见解：有格、有节、有分寸。

03.

生活就像爬楼梯，有付出，有收获，有快乐，有忧愁。最关键的，不在于你已经爬上了多少级，而是在于如何看待已经出现在你的面前、你必须继续爬上去的楼梯。

04.

人才是第一生产力，是企业发展的关键要素。任何公司在转型和蜕变期，都会遇到人才问题。一家企业的文化特质，不可能形成于一朝一夕，而是长久积淀、凝聚、衍化而成，并随着时代的演进，不断被注入新的内涵，不断提升的。

文化力有时候是一种模糊概念，很难进行量化，或许可以解释成实力、魅力、活力、潜力。

05.

为人正气、做事正派、充满正义感，这些都是对人很正面的描述。这三个"正"都来源于人的内心，内心对待事物有怎样的理解和认知，那么行动就会怎样表现出来。行动是内心的外在投射，也就是所谓的起心动念。

06.

所有人出生的时候，上天给他的善良都是一样的。孩子的眼睛是明亮的，因为他们内心光明，没有被污染。但是有时候我们会发现有的人的慈悲心越来越少，这是为什么呢？

人就像一个容器，如果里面不好的东西超过了好的东西，容器就变坏了。 那些慈悲心变少的人，对于物质利益和欲望的追求逐渐超过了原有的善良和慈悲心，容器就变坏了。

07.

我想责任心应该成为每个人成就事业过程中的一个初心。越有责任心，就越有担当，就越能有成就。承担的责任越大，得到的成长就越大。

培养自己的担当精神其实就是在培养责任心，这种责任心本质上就是从心底发出的纯洁的担当精神。

08.
人生的一切就好像一块石头扔到水中激起的阵阵涟漪。我们的灵魂是美丽的，它居住在皮囊中，内在是无限的光明、永远不灭的闪耀。

09.
其实，在商业合作的互动过程中，双方可能暂时不平衡，就像玩跷跷板，有时会倾向你这边，有时会倾向对方那边，但是一定会有一个平衡点。

你把资源给我，我再给你，你再给我，只有这样来来往往，合作最终才能够达到平衡。

10.
在我看来，善良始终是排在个人道德品质第一位的。

我们倡导向善向上，不是先上后善，而是先善后上。先向善再向上，走向正确的方向。因为只有依从善良的本性，才能保证你未来走的路是对的，你向上的能力才强。

向上快一点或慢一点，能力强一点或弱一点，其实都没什么关系，"善"才是最重要的。

第 9 章

巴塔哥尼亚：自己向自己"征税"，把公司捐给地球，真酷 ⊖

在商界，我们时不时会听到看到新闻说，某某公司或个人因偷税漏税被罚款，让人感到非常愤慨。但你听说过主动向自己"征税"的公司吗？世界上还真就有这么一家公司，自20世纪80年代起，开始自己向自己征税。

这家公司先是承诺每年拿出2%的税前利润捐给非营利性环境组织，后来又把比例提升到10%，再后来干脆捐出每年销售额的1%。这样一来，哪怕前一年没赚钱，自己也没有不捐款的理由了。

创始人称之为缴纳"地球税"，目的是"救赎我们的罪恶"。更让人感到不可思议的是，2022年9月，这家公司发布了一封名为"地球现在是我们唯一的股东"的公开信。

⊖ 资料来源：乔伊纳德. 冲浪板上的公司：巴塔哥尼亚的创业哲学［M］. 沈慧，译. 杭州：浙江人民出版社，2017.

第9章 巴塔哥尼亚：自己向自己"征税"，把公司捐给地球，真酷

信中宣布，将市值近 30 亿美元的公司股票全部转让给信托基金和非营利组织，利润除了用于扩大公司规模和再生产外，其余均用于保护环境和应对气候危机，预计每年将有 1 亿美元的利润投入环保事业。

它就是曾被《财富》杂志评选为世界上最酷的公司的美国顶级户外品牌巴塔哥尼亚（Patagonia，以下简称巴塔）。

中国消费者对这个品牌可能比较陌生，但在大洋彼岸的美国，它被称为"户外界的 GUCCI"，华尔街金融圈甚至流传着"10 个华尔街投行男，9 个穿巴塔哥尼亚"的说法。

那么，巴塔到底是一家怎样的公司？在一个追求利润至上的时代里，它做的事为什么会如此与众不同？致力于环保事业的背后，又有着怎样的故事？为了解答这些疑惑，笔者联系到了巴塔中国大陆地区负责人曾维刚先生，并与其深入交流了一番。

在了解了巴塔后，笔者不禁感慨，这真的是一家把"社会企业"（解决社会问题、增进公众福利，而非追求自身利润的最大化）的理念贯彻到极致的公司。

一个偶然经商的铁匠

先来聊聊巴塔创始人伊冯·乔伊纳德。不得不说，巴塔的诞生

与他的经历和性格有着很大关系。

1938年，乔伊纳德出生在美国缅因州的一个法裔加拿大人家庭。由于父亲患有哮喘病，1946年的时候，一家人决定搬到气候更干燥的加利福尼亚州。不过，来到加利福尼亚州后，当地的语言和文化差异让乔伊纳德感到很不适应。

当时，他的英语还不太流利，个子又不如身边的美国同学高，这让他变得孤僻起来，大部分时间都是一个人待着，成绩也是一落千丈，每门课的评分都是D。

放学后，乔伊纳德要么骑上十几公里的自行车去湖边钓鱼，要么跑到公园里去抓青蛙和兔子，后来又迷上了驯鹰，和几个爱好者成立了驯鹰俱乐部，该俱乐部还推动了加利福尼亚驯鹰法规的出台。今天回过头去看，大自然其实是他最好的老师。

乔伊纳德虽生活在城市，却是在户外成长起来的，这也让他对自然有着特别的情感。在他看来，**各种各样的动物、花花草草和那一幕幕秀美壮观的景象，都是自然对人类的馈赠。**

为了驯鹰，乔伊纳德学会了攀岩好找到位于悬崖下的鹰巢，这又激起了他对攀岩的兴趣，此后便一发不可收拾。

而在攀岩的过程中，乔伊纳德发现了一个问题，就是当时欧洲人对攀岩的态度是"征服"，他们制造的岩钉基本是一次性的，攀岩之后岩钉就留在石壁上，拔出来就无法使用了。

但美国人受爱默生和梭罗等哲学家和思想家的作品影响较深，在人与自然的关系上，他们更奉行一种来过却不留下一丝痕迹的原则。所以乔伊纳德琢磨设计了一种可以重复使用的岩钉，攀爬过后还可以拔出来下次接着用。

没想到的是，大家对他锻造的岩钉赞不绝口，不少圈内人甚至主动找他购买。就这样，乔伊纳德一边锻造岩钉，一边将获得的收入作为自己攀岩旅行的路费，直到销量越来越大，自己实在忙不过来了，才成立了乔伊纳德设备公司，制造和出售相关攀岩器材。

直到今天，他还是以攀岩者、冲浪者和铁匠自居，不愿被称为商人或生意人，尤其反感富豪的头衔。用他的话来说："在《福布斯》杂志上被列为亿万富翁，这真的非常非常让我生气。我在银行里没有10亿美元。我不开雷克萨斯。"

地球第一，利润第二

到了 20 世纪 70 年代，乔伊纳德设备公司成了美国最大的攀岩器材供应商，但与此同时，一个问题对乔伊纳德的困扰与日俱增。

什么问题呢？就是随着攀岩运动的推广，爱好者变得越来越多，但岩壁上也因此留下了越来越多被岩钉凿出来的孔洞，一些热门岩壁线路上的孔洞更是如蜂窝般密布。

看到这一幕，乔伊纳德的心里愈加难过，一片片原始风貌就这样被破坏掉了，自己造的岩钉虽然能重复使用，却没能做到不留痕迹，由于一批批攀岩者反复的敲击，岩钉反而给岩壁带来了更大的破坏。

怎么办呢？乔伊纳德决定结束岩钉生意，转为生产可以卡在岩缝里的岩塞，以此来避免对岩壁的破坏。

但当时岩塞还属于一个新产品，大家的接受度普遍不高，甚至遭到了一些老一辈登山者的抵制，他们觉得拿锤子尽情敲击岩钉是攀岩运动不可缺少的一部分。

所以，公司的业务量很快便直线下滑，但他依然坚持不生产岩钉，既然岩塞不好卖那就再卖别的，于是，他把目光放在了服装上。

1973年，乔伊纳德决定创办一个服装品牌，为户外爱好者提供简单、结实、耐用的运动服饰。但新品牌叫什么呢？有人建议他继续沿用乔伊纳德这一名字,这样品牌建设就不用从头开始了。

但乔伊纳德不这么认为,他还是想把服装和攀岩器材区别开来,很快,巴塔哥尼亚这个名字出现在了讨论中。

巴塔哥尼亚地区主要位于阿根廷境内,与尼泊尔并称为"户外徒步圣地"。

20世纪60年代,在北面(The North Face)创始人道格拉斯·汤普金斯的推荐下(两人一直是要好的朋友),乔伊纳德来到了这里,高原上秃鹰、冰川以及山峦中的阵阵狂风给他留下了极为深刻的印象。就这样,他把巴塔哥尼亚定为了新品牌的名字,希望能给人们带来能够抵抗恶劣环境的服装。

凭借聚丙烯纤维和抓绒等面料上的创新,巴塔一经推出便赢得了户外爱好者们的青睐,甚至一度供不应求,公司业绩得以迅猛增长,但与此同时,危机也在悄然蔓延。

由于不断扩大产量、发展新的经销商、开拓其他国家市场,90年代后,巴塔陷入了增长瓶颈,产品纷纷被退回、经销商开始取消订单、库存不断积压,最终不得不撤店裁员,公司的一只脚踏到了悬崖边上。

这让乔伊纳德开始深深地反思自己和企业："一家想生产世界上质量最好的户外服装的公司可能拥有像耐克一样的规模吗？一家只有 10 张桌子的三星级法国餐馆加了 50 张桌子后还能保住自己的三星吗？鱼与熊掌，能兼得吗？"

后来，他带着 10 多名高管又重返巴塔哥尼亚地区，在徒步旅行中，一起思索为什么要从商以及巴塔想成为一家怎样的企业。

回来之后，大家明确了一条共识，**疯狂的增长正威胁着使公司取得目前成就的价值观，巴塔要将视线从"美国商界"转移，向易洛魁人和他们的七代计划**⊖**看齐**。

此后，巴塔的重心从增长转向了可持续发展。如何才能真正实现可持续发展呢？乔伊纳德认为，包括商业在内的所有活动，其所需的资源均来自地球，想要持续发展，就要对自然负起"无限责任"。

所以，乔伊纳德知道了自己接下来要做的事，他说："我想将钱捐给环境事业，这是实话，然而我更想做的是，将巴塔哥尼亚塑造为一个典范，可以让其他公司在探索环境管理和可持续发展时有所参照，就像我们的岩钉和冰镐成为其他装备制造商的参照一样。"

⊖ 易洛魁人是北美印第安人的一个族群，于 1570 年组成易洛魁联盟，联盟内部有一份规定：首领在做决策时要考虑其对未来七代人的影响。

乔伊纳德的核心理念用 8 个字来总结就是：**地球第一，利润第二。**

"少买点儿，多想想"

乔伊纳德是这么说的，也是这么做的。

在环保事业上，巴塔一直是一个先锋般的角色。举个例子，比如在产品方面，巴塔有一句名言，叫**"做最好的产品，杜绝不必要的危害"**。注意，这里面的"最好"不是说哪款产品卖得好，巴塔对"最好"有自己的定义，包含了多个维度：

谁需要它？有必要买吗？它耐用吗？它能修吗？它合身吗？它简单吗？产品线简单吗？是创新还是发明？它是全球性的吗？它容易保养吗？它有增值服务吗？它值得信赖吗？它有美感吗？我们只是在跟风吗？我们在为核心顾客设计吗？它会造成不必要的伤害吗？它是有机棉吗？每个方面都考虑到了吗？染料有毒吗？……

这就使得巴塔有着非常"另类"的品牌理念，它从不追所谓的流行趋势，也不参与各种促销活动，为数不多的广告中传达的信息也不是自家的衣服有多好，而是告诉你不要买。

例如,2011 年，巴塔在《纽约时报》购买了一整版"黑色星期五"

广告，标题为"不要购买这件夹克"。

曾维刚告诉笔者，巴塔的消费观叫**"少买点儿，多想想"**。相较于让消费者购买全新的产品，巴塔其实更注重修，为此还设立了专门的修理中心和商品转售平台。

比如，一件衣服坏了，先别着急去买新的，你可以以很低的价格让巴塔维修。实在穿不了了也别扔，巴塔还可以回收，然后返还你一些积分，这些积分可以用来换新产品。

值得一提的是，目前，巴塔服装原材料中可回收材料的比例已经达到了近90%，从源头上减少了对资源的浪费和消耗。

这不禁让人联想到，当下一些电子产品喜欢给自己设置"寿命"，乃至搞一些"小动作"，好让消费者升级换代买新品。但仔细想想，这真的是对消费者、社会、环境负责的行为吗？

另外，曾维刚谈到，在与消费者的关系上，巴塔与顾客之间不是单纯的买卖关系，巴塔希望把户外运动这种生活方式传递给更多人，让更多的人去爬山、跑步、游泳，让大家和自然有更直接的接触，从而更深刻地感受到环境与每个人是息息相关的。

比如，南京下冻雨时，巴塔南京门店就组织了一些顾客带着锯子等工具一同去老山国家森林公园打扫路面，清理被冻雨压倒的树枝。

这引起了不少人的好奇，有人问道："一个卖衣服的店，怎么就能把顾客组织起来开展义务劳动呢？"

这是因为巴塔有着自己的社群，在以往的社群活动中，巴塔就经常组织顾客去公园徒步或者爬山。冻雨过后，巴塔南京门店的员工在群里号召大家有时间可以来公园帮忙，打扫干净了，也方便下次举办活动。

"我们会和顾客讲，这个世界太大，我们可能保护不了，但我们最起码可以保护自己玩的地方，让它更干净、整洁、畅通，这样我们和孩子就可以继续开开心心地玩。这是巴塔一直所倡导的。"曾维刚说道。

不得不说，在对环保理念的宣扬和贯彻上，巴塔没有讲太多的大道理和宣扬宏伟蓝图，它就是在默默做事，但这一件件看似微不足道的小事，却胜过千言万语。

工作是生活的一部分

在了解巴塔的过程中，笔者还产生了这样一个疑惑：乔伊纳德所提倡的环保绝对不是一个短期就能见成效的事情，再加上为了避免董事会对相关环保决策的干预，公司坚持不上市，那它的员工真的能一心一意地坚持做这样一件以数年乃至数十年为单位才能看到效果的事情吗？

答案是肯定的，这源于大家对这份事业的热爱。

在雇用员工方面，巴塔有一个很独特的理念，那就是，让一个地道的生意人去攀岩或漂流，要比把怎么做一份工作教给已经对户外充满热情的人困难得多。

它几乎不打招聘广告，也不怎么参加招聘会，更多的是靠朋友、同事和生意伙伴推荐一些真正喜欢和愿意参与户外运动的人来入职。

用乔伊纳德的话来说就是："尽可能地雇用巴塔哥尼亚真正的顾客，这仍然是我们雇人的首要原则……我无法想象任何一家想要生产同类最佳产品的公司会雇用对产品毫无热情、毫不在乎的人。"

曾维刚直言，如果想要发财，想要快速赚笔钱然后走人，那绝对不要来巴塔工作。巴塔人热爱的是爬山、冲浪和徒步，工作本身就是他们生活的一部分。他说："现在很多人，甚至一些年轻人都在想着早点退休，我们是觉得退不退休差别不大，因为我们一部分的工作内容就是带着大家去户外玩。不退休难道就不出去玩了吗？"

这里可能有人就要问了，说出去玩就能出去玩吗？不工作了吗？可以告诉大家，在巴塔，该玩的时候，大家还真就能放下手头的工作先去玩，玩好了再回来工作。

为了维护好员工对运动的热爱，巴塔内部奉行的是"让我的员工去冲浪"的弹性工作政策。什么意思呢？就是浪来了，员工就可以拿着冲浪板先去海边冲浪，下雪了，就可以拿着滑雪板先去山上滑雪，不需要等工作完成后才去。

在乔伊纳德看来，"一位真正的冲浪者不会计划下周二两点钟去冲浪。你去冲浪是因为波浪、潮汐、风向都刚好合适，你去滑雪是因为粉状雪！如果你不想成为失败者，那就最好时刻准备着，抓住机遇"。加入巴塔后，公司的这一政策给曾维刚留下了非常深刻的印象。他说：

"加州文图拉总部在海边，前台后面的一个房间放满了员工的冲浪板。我自己都碰见过好几次，开着会呢，就看见有人拿着板子往外跑。

"一开始我还不理解，后来等自己冲了两年浪才理解了，浪真的是不等人的，浪来了，没法等到下班再去。当然，大家冲完浪之后，会回来加班把工作做完。"

值得一提的点是，在员工关系方面，巴塔的理念是"不让员工受苦",这个受苦包含很多方面。

比如,巴塔认为如果年幼的孩子只能待在家里看电视,不能与父母进行充分的互动,甚至不能及时得到母亲的母乳喂养,这也是员工的一种受苦,很多人因此陷入了选择职业还是选择孩子的困苦中。

所以,1984年,巴塔建立了太平洋儿童发展中心,里面设置了婴儿保健室以及适合不同年龄阶段儿童玩耍的房间,而且离办公区很近。

这样一来,男员工可以和孩子一起吃午饭,女员工可以随时去给婴儿喂奶,孩子们想爸爸妈妈了也可以去他们的工位旁待着,公司里充满了孩子们的欢声笑语。

曾维刚也和笔者聊道:"这方面巴塔的确做得很好,办公楼里不仅有小朋友,还有很多猫和狗,整个公司的氛围不是那么正经八百的。"

至此,大家应该也能够理解了什么才是真正意义上的工作是生活的一部分。

结语:巴塔的启示

采访之前,笔者列了一份采访提纲给曾维刚,其中的一个问题是：中国企业应该向巴塔学些什么？曾维刚坦言，这是他思考最久的一个问题，他把答案总结为三个字——**多样性**。他说：

"有时候，会感觉我们的一些企业对于成功的定义有些窄，好像成功只有一个靶子，或者说只有一种方式、一条正道，其他的路都是歪门邪道。

"这就导致一些企业特别喜欢追风口，总是一窝蜂地去做同一件事。看见别人做好了、做成了，很怕自己被落下，却根本没考虑到自己对这件事到底感不感兴趣，或者这件事适不适合自己来做，这是一种典型的缺乏想象力的表现。

"其实，商业界和自然界是一样的，自然界里有各种各样的生物，很多生物甚至互相谁也离不开谁，如果只有一种生物存在，那自然界也维持不下去。

"我们的企业也应该是多种多样的，大家需要做的事情就是找到属于自己的那个风口，然后多花点儿时间，自己把自己的风口慢慢建立起来。这样一来，就不用一直跟在别人后面追了，反而不会那么辛苦了。"

是啊，巴塔令笔者感受最深刻的也正是那些不拘一格、不同流俗以及反商业常识的做法。但不可否认，当它找到了自己所追寻的使命，并将其作为一种信仰去践行后，巴塔走出了自己的路，建立了属于自己的风口。

最后，分享一段乔伊纳德与记者之间的对话，希望我们每个人也都能勇敢地去做那个不被定义的自己。

一次，乔伊纳德去日本北海道滑雪后，记者采访他："您滑雪没有携带GPS，不担心迷路吗？"

乔伊纳德回应道："迷路怎么了？那可能是我一生中最好的旅行。在户外运动中，如果你不探索未知，那你将永远不知道冒险的意义。"

伊冯·乔伊纳德的商业理念^㊀

01.

我一直在避免把自己定位为一个商人。我是攀岩者、冲浪者以及皮划艇和滑雪爱好者,还是铁匠。

如果不得不成为一名商人,那我就要按自己的规则来。我们不曾刻意与墨守成规、压抑创造力的传统企业文化决裂,我们仅仅是在努力坚守自己的传统。

02.

当我死了下"地狱"的时候,"魔鬼"一定会任命我为一家可乐公司的市场总监。我要负责的是兜售没人需要、与竞争产品雷同、本身价值无法成为卖点的产品。我只能直面这场可乐战争,在价格、分销、广告和促销上进行竞争。对我而言,这是一个名副其实的地狱。

请记住,我是那个玩不来竞争游戏的孩子。我愿意设计和销售出色且独

㊀ 资料来源:乔伊纳德.冲浪板上的公司:巴塔哥尼亚的创业哲学[M].沈慧,译.杭州:浙江人民出版社,2017.

特别没有竞争对手的产品。

03.
企业家的做法是立即向前迈一步，如果感觉好，就再迈一步，如果感觉不好就退回来。边做边学，这样会更快。

04.
成为上市公司或者只是成为合伙企业，都会为我们的经营方式带来束缚，会对我们如何处理利润形成限制，并会将我们带上追求扩张的自杀之路。

我们的打算是继续做一家封闭的私有企业，这样我们才能继续专注在对我们而言最重要的事情上，即**做好事**。

05.
尽可能地雇用巴塔哥尼亚真正的顾客，这仍然是我们雇人的首要原则。

我无法想象任何一家想要生产同类最佳产品的公司会雇用对产品毫无热情、毫不在乎的人。

06.
为了稳固公司的文化，我们会尽可能在公司内部寻找人选。然后我们会对新雇员进行培训，不惜在这方面花很多时间，我们的未来命系于此。

07.
登山是另一个可以对企业和生命有所启示的例子。**如何爬山要比到达山**

顶重要得多，许多人都不明白这一点。

你可以不用氧气，单枪匹马地去爬珠穆朗玛峰。你也可以付钱请向导和夏尔巴人来帮你背行李，在裂缝前架梯子，铺放近2000米长的固定绳索，让一个夏尔巴人在上面拉，另一个在后面推你。你只需要把你的氧气瓶拨到"3000米"，就可以上山了。

试图用第二种方式去爬珠穆朗玛峰的强壮的有钱的整形医生和CEO太过执着于目标和顶峰，于是他们在过程上做出了妥协。攀登危险高山的目的应该是得到某种精神成长和个人成长，然而，如果你将整个过程都妥协了出去，那就没法得到这样的成长了。

08.
罪恶不一定是一种蓄意的、公然的行为，它可以仅仅是善的缺席。如果你有能力、有资源，而且有机会做善事，但你却什么都没做，那可能就是罪恶。

09.
对我而言，要解决世界面临的问题，其实很简单：我们必须行动，如果我们不能亲自行动，那我们就得掏腰包。

第 10 章

全食超市:"超市中的爱马仕",贵得有理由⊖

据说美国零售界流传着这样一种说法:"穷人去沃尔玛,富人去全食超市。"

后者的东西卖得的确贵,甚至可以说是"离谱"。比如,在亚马逊电商平台上,它的香蕉每磅⊜要卖到 0.69 美元,苹果每磅要卖到 3.99 美元,而大蒜则要每磅 5.99 美元的高价。如此之高的售价,让其有着"食品行业里的苹果""超市中的爱马仕"之称。

想一想,这样一家超市如果开在你家门口你会进去消费吗?大多数人的回答一定是:"会进去,前提是我疯了。"

可神奇的是,即便价格比普通超市高出数倍,全食超市每周仍有大量消费者光顾,年销售额超百亿美元,还被亚马逊以 137 亿美

⊖ 资料来源:麦基,麦克因托什,菲普斯.觉醒领导力:商业升维的整合之道[M].觉醒商业圈,译.北京:东方出版社,2022.

⊜ 1 磅 =0.454 千克。

元的高价收购——这是亚马逊历史上最大规模的交易,震惊美国零售界。

那么,问题来了,在主打平价亲民的零售业,这样一家"奇葩"超市是怎么活下来并开出数百家门店的?仅仅是靠贵来"哗众取宠"吗?那些心甘情愿花高价买单的消费者,难道真的是"疯了"吗?

一番分析下来笔者发现,全食超市果然"贵得有理由"。

他辍学创业,只为一口健康餐

全食超市的故事,要从创始人约翰·麦基讲起。

与比尔·盖茨有些类似,麦基也是一个因"沉迷"副业而辍学创业的大学生。他的兴趣与盖茨不同,他想干的事不是写程序,而是开一家只卖健康食物的超市。

作为一个坚定的素食主义者,麦基很早就关注起了饮食健康。他发现美国的经济虽然飞速增长,但美国人吃的食物却难言健康。过量的添加剂、农药以及无处不在的转基因作物充斥在各类食品中,这样的情况一直让他忧心忡忡。

于是,1978年,麦基在得克萨斯州的大学城旁边开了一家小型的健康食品专卖店，名为 Safer Way（全食超市前身）。他的目标很明确，就是希望为像自己一样的素食主义者提供安全健康的食物，用他的话来说就是："做顾客的'营养师'，顺便养活自己。"

为了将这一目标贯彻到底，一开始他坚决不卖含精制糖、咖啡因、酒精的食物，以及肉类食物，但这也让他很快就领会到了什么叫理想和现实的差距。

由于销售品类太少，Safer Way 半年就亏掉了一半的创业资金，麦基如坐针毡，不得不把市场需求纳入考虑范围。他在自己的新书《觉醒领导力》中写道："它确实是由一个更高的使命所驱动的，但和当时的市场脱节。正如你所想象的那样，我们最初不是很成功，因为我们的业务不足以吸引足够大的客户群。"

这之后，他不再试图重塑市场，而是将肉类、家禽、海鲜、咖啡、糖、酒、精制谷物等商品重新上架。当然，超市里出售的食品仍然是不含人工色素、防腐剂的健康有机食品。时至今日，全食超市依然把自己定义为顾客的"营养师"，强调"健康、无添加、有机"的理念，店内只贩售健康的有机食品。

它给消费者的承诺是，可以在店内放心大胆地选购，不需要花时间看成分表，也不用担心买到含有激素、杀虫剂或转基因成分的食品，全食超市提供的一定是"最天然的有机食品"。

这里，可能有人就会问了，世上超市千千万，它凭什么敢说自己提供的是"最天然的有机食品"？不得不承认，全食超市的确有说这话的底气。为什么呢？不妨继续往下看。

三大"狠招"，练就"独门秘籍"

坦白说，要把有机食品这个比较小众的生意坚持做下来，还赚得盆满钵满，没点儿"独门秘籍"似乎很难做到。那这40多年来，全食超市究竟是怎么做的呢？一番研究下来，笔者发现，它背后果然有三大"狠招"，这也正是全食超市敢号称自己提供的是"最天然的有机食品"的底气所在。

1. 严守"变态"的采购标准

前面讲到，全食超市有"超市中的爱马仕"之称，不得不说，其在天然食品的选择上，也确实有着如同奢侈品品牌一般苛刻、烦琐乃至"变态"的要求。

比如，防腐剂、果葡糖浆等包装食品中常见的200多种添加剂，被全食超市严令禁止；家居清洁产品，必须原原本本地列出所有的原料；拒绝贩卖一切克隆动物及其后代的肉、奶制品，尽管美国食品药品监督管理局（FDA）已经认可了这类食品的安全性，且不要求在销售时对其进行特殊标记。

要想成为全食超市的供应商十分不容易，有机农户必须填写长达39页的"供应商申请表"。在这份令人望而生畏的表格中，供应商不仅需要详细说明作物的土地状况、种植条件、生长环境、生长周期，还需要接受对于牲畜的喂食、放养、清洁等生存条件的严格评估。

此外，除了聘用独立的第三方评级机构对供应商进行筛选外，全食超市的采购人员还会主动寻找源头最天然的产品。以鸡肉为例，采购员除了实地考察养鸡的环境，还要检查喂养鸡的饲料是否天然。只有吃健康的五谷杂粮、生长过程中没有使用任何抗生素的鸡才会被选中。

几十年来，这些标准逐渐成了全食超市的宗旨和信条。

《纽约客》甚至给了全食超市一个别名——"神圣食物"（Holy Foods），将它视作"对环保和营养的信仰的商业化实践"。简单来说，全食超市的这一系列严苛标准相当于在告诉大家：我们的东西贵，那是因为它们都是纯天然、不添加任何化学物质的绿色产品！

2. 为产品讲一个生动而具体的好故事

作为健康有机食品的代表，全食超市不仅是在卖食物，还是在用食品分享自己的理念，让越来越多的顾客接受这些售价更高但更可持续、更健康的食物。

比如，全食超市的很多商品都附带一个宣传手册，让消费者了解有机食物背后的故事。其中，明星产品罗西鸡就是一个典型的例子。

为了让顾客理解为什么这只鸡会比同类鸡肉贵两三倍，全食超市给大家讲了一个动人的故事："罗西是一只生活在有机农场的鸡。它出生在葡萄酒之乡加利福尼亚州，住在宽敞明亮、通风良好的鸡舍里，地面上铺着干净的谷壳。它每天的食物是金黄饱满的玉米粒，吃饱后还会去鸡舍外的院子中散散步。与大多数食品店售卖的家禽不同，它悠闲而健康地长大，从来没有使用过抗生素或生长激素。"

3. 共建美好社区，"滋养人和地球"

多年前，美国得克萨斯州奥斯汀市遭遇了一场洪灾，当地的全食超市受到了很大的影响，门店和商品均被洪水损毁，损失高达数十万美元。

洪灾过后，当地社区的不少居民自发组织起来帮助全食超市清理门店，助力其尽快恢复营业。

居民们之所以愿意伸出援手，背后的原因在于，全食超市与当地社区之间形成了一种和谐友善的良性关系。全食超市做了很多有利于社区居民的实事，比如把门店顶部改造为屋顶花园供社区居民休憩娱乐。久而久之，全食超市于社区居民而言就不仅仅是一家超市了，也是供他们活动的公共空间。

近些年来，全食超市还常常举行地方社区捐赠计划，并设立专门的食品捐赠站为当地居民提供食品救援，减少食物浪费的同时将食物派发给最需要的人。

这一切，也正如麦基为全食超市立下的使命："滋养人和地球。"

文化理念，不拘一格

当然，如果将全食超市的成功仅仅归结为产品和讲故事的能力，那也显得有些狭隘片面了。

2005年，上海开了国内首家有机食品专营机构欧食多。令人意想不到的是，欧食多并未像全食超市一样实现高增长，反而在半年内亏光了3000万元，而后就关门大吉。几年后，落户朝阳门的北京首家有机食品超市三安诚也是同样的命运。尽管门店位置优越，且不乏一众明星助阵，但在开业一年后，三安诚还是以关门结尾。

"中国版全食超市"迟迟未能站住脚，其实也暗示着全食超市的成功并不局限在产品和故事等"术"的层面。细究下来，**这家公司背后那不拘一格的理念或许才是使其屹立不倒的"道"之所在。**

举几个例子来具体聊聊。

1. 充分授权的团队模式

与大多连锁超市以门店为基础单元不同，全食超市的基础单元不是门店而是团队。它有 10 多万名员工，每个人至少属于一个团队，有的可能同时属于多个团队，且这些团队专注于不同的服务领域。

比如，有的团队管农产品、有的管肉类，有的管海鲜等。时间长了，各个团队的成员就都变成了各自领域的专家，他们非常了解该怎么服务好自己领域的顾客，以及顾客需要的是什么，各个门店的团队之间也时常会互相培训和学习。

与此同时，门店里的每个团队都会得到充分的授权，几乎相当于自己管自己。以人员招聘为例，按照全食超市的规定，门店团队有决定职工去留的权力，如果候选人不能得到团队内 2/3 成员的同意，将不予录取。

这就打破了传统连锁超市中存在的店长"一言堂"现象，因为最终考核的不是门店业绩而是团队业绩，大家谁也不想因一个人的糟糕表现而拖累自己,所以全食超市能在很大程度上规避招聘过程中的徇私舞弊。

此外,这种高度自治还体现在与消费者喜好的契合度上。《商界评论》曾报道,由于地区经理可以根据当地风格自行设计新店,可以根据当地消费偏好自行采购,自主决定库存比例,以至于"任何时候,全食超市每家店铺都会有20%～50%的商品不与其他连锁店重复"。

这就让各家门店有了放手干的勇气,其中一家连锁店的经理大卫·亚伯索尔德就说道:"我被授权可以像打理自己的商店一样经营这里。"

2. 带着欣赏的眼光来做事

麦基本人非常相信"服务型领导力",服务型领导力将领导者定义为服务于组织的领导者,而不只是对组织施加控制权。

落地到实践中,服务型领导力的一个具体表现就是把员工的发展和对员工的赋能放在首位,通过支持员工的成长和发展来获得员工的忠诚和高绩效回报。这就要求领导者在为人处世上,要对他人抱有一份欣赏和关爱。

用麦基的话来说就是:"大多数人内心都住着一个批判家,不间断地评判自己和他人。真诚的欣赏能暂时击破这个批评家的力量。当真正欣赏他人时，我们会关闭评判的声音，这让我们得以敞开心扉。顷刻间，爱就能破闸而出。这个做法极为简单，却给我们的组织文化带来了难以想象的好处。"

全食超市的会议就体现了这一特色。在全食超市，无论是高管的战略会议还是门店的小组会议，在结束之前都有一个固定的提问环节，问题也只有一个，就是：**"谁想感谢一位团队成员？"**

通过团队成员彼此间的感谢，全食超市形成了一种独特的欣赏力量。更多的时候，大家想的不是某人有什么缺点，而是他有什么长处、他对自己提供了怎样的帮助。

相比之下，那些热衷于当着众人的面惩罚员工，或者让人下不来台的领导者和企业，多少会显得有些相形见绌。

"我们作为一家企业，努力彰显着一种在商业世界里经常被忽略的美德，这就是爱。"麦基说道。这也正如苹果首席执行官蒂姆·库克所言："人们总是努力地劝你在职场中不要带同理心，千万别接受这种谬论。"

3. 无秘密管理，一切皆可透明

无秘密管理也是全食超市为人津津乐道的一大独特之处，全食超市相信没有什么是不能让员工知道的，一切皆可透明。

举个例子，与零售同行甚至世界上绝大多数企业不同，几十年来，全食超市一直坚持向全体员工公布大量财务数据，包括高管团队在内的全公司所有成员的薪酬，均会通过工资展示报告向每个人公开。

相信很多人会觉得这简直是天方夜谭，因为很多公司都将薪酬保密条款写进了劳动合同，怕的就是员工会彼此比较，出现心理失衡的情况，进而引发不满乃至纷争。

但这个问题从不同的视角来看有不同的解决方案。隐藏起来，不让其他人知道固然是一种办法，但让大家把自己的困惑和不满直接讲出来，公司给出一个明确的回复，又何尝不是一种办法呢？

必须承认，无论是有意还是无意，一个人一旦得知其他人的工资比自己高，基本会有以下几个疑问："凭什么我的工资没他高？""他比我强在了哪儿？""我怎么样才能达到他的标准？"

但矛盾的是，受制于薪酬保密制度，这些问题基本上又都是一些无法张口问的问题，员工即使有疑问也只能憋在心里，实在忍不了的人则会愤然离职。那为什么公司就不能开诚布公地和员工聊聊呢？

这一点，麦基想得就很透彻："我们希望团队成员对薪酬平等有一个清晰的视野。如果人们觉得缺乏公平性，他们也可以与领导层协商，这反过来又给了公司一个机会来改变和动态调整潜在的矛盾。在整个组织中创造一种团结感，有助于将关于薪酬的怨恨和八卦保持在较低水平。"

结语：不是能做多少事，而是一件事能做多久

从全食超市的成长路径来看，其成功固然离不开时代趋势和创始人的独到眼光，比如恰好迎合了健康饮食的浪潮，并找到了有机食品这个还没有被深度开垦的市场。

但整体而言，全食超市给笔者带来的最深刻的一个感受是，即便价格高得离谱，即便许多商品被形容为"智商税"，它依然能屹立几十年不倒，开出几百家店并吸引着大量消费者持续光顾。**这一切的背后，还是在于其对有机食品这一赛道和创业初衷的坚守，以及企业内部那"另类"的文化理念。**

我们常说，人这一辈子能做好一件事已经不容易了，企业又何尝不是呢？纵观那些基业长青的企业，比如可口可乐、吉列，你会发现，有一个共同点在它们身上体现得非常明显，那就是即便过去了几

十年甚至上百年，它们如今正在做的事情和创业第一天就在做的事情并没有什么不同。

更多的时候，无论是对企业还是个人而言，最大的考验或许不是能做多少事，而是一件事能做多久。

再就是企业内部的文化理念。坦白说，这方面其实并没有特定的学习对象，哪怕是全食超市的这些文化理念也不见得都要学。

但有一点一定是值得我们思考的，那就是能否像全食超市一样，把这些理念几十年如一日地贯彻下来。尤其是对领导者而言，无论环境怎么变，也不管别人怎么说，就按照大家最初的共识坚定地执行下去。

2023年，国内有机产品的销售额首次突破1000亿元。在这千亿级的大市场中，该如何突出重围，抢占一席高地，全食超市的故事，无疑为我们提供了几个值得思考的答案。

延伸阅读

约翰·麦基的商业理念⊖

01.
全食超市清晰的、与客户广泛联结的使命重新唤醒了我,这才是全食超市的本质,而不是董事会里的争斗,也不是互联网成功的梦想;这才是全食超市的核心,在漂亮温馨的门店里,团队成员笑意盈盈地为顾客服务,为他们提供最健康、最美味的天然食品;这才是我真心热爱的事业,这才是我的激情和使命所在,这才是多年前激发我创办全食超市的初心!

02.
有时候,最好的起点就是带着一定程度的坚信与承诺,简单地跟随我们自己的独特爱好。那些吸引我们的东西真的有可能是进入我们灵魂的窗户,它们会带我们走上意想不到的道路,以及带来一些令我们惊喜的、无法预见的机会。

⊖ 资料来源:麦基,麦克因托什,菲普斯.觉醒领导力:商业升维的整合之道[M].觉醒商业圈,译.北京:东方出版社,2022.

03.

许多企业家走过的漫长而曲折的道路见证了这样一个事实：发现我们的使命并找到一种商业世界中的表达方式，这是一段旅程，而非一个简单的目的地。

04.

任何企业都必须遵循客户的需求——至少在某种程度上是这样，它不一定要成为市场的奴隶，但需要面对人们愿意为了什么而交换价值的现实。

05.

领导者最重要的工作之一就是向卓越致敬，正如我们在全食超市的会议中所做的那样，去看到它，识别它，并欣赏它。

06.

在持续动态演变的环境中，一个人要么创新，要么落后。坐着不动的命运就是：先被复制，然后在竞争中被挤出，最终彻底变得无关紧要。

07.

激励可以用金钱，但也可以不用金钱。有时候，仅仅是在正确的时间向正确的人给予表扬及赞赏，会比给他们下一场瓢泼的"奖金雨"效果更好。**永远不要低估真诚欣赏的力量。**

08.

事实上，对商业最大的误解也许是无法意识到绝大多数的交易应该是双赢的——否则，交易就不会发生，因为双方必须是自愿的。

09.
我们很少能看到成长的最直接的路线，也很少能看到让我们到达目的地的一系列明确的里程碑。**最重要的是踏上这段旅程！**

第 11 章

方太：如何从大迈向伟大？方太的良心和匠心

智纲智库创始人王志纲是一位"故事大王"。他常年行走于商业江湖，三教九流都有交往，见闻丰富。

与很多书斋里的学者不同，这位战略咨询专家看经济、看社会多从现实故事与案例出发，串联起"点、线、面、体"，建立了自己独特鲜活的分析框架，常有洞见。有一次见面，他告诉笔者几个好故事。

新老交替，高低发力

第一个故事是寺庙的香火钱变少了。

"前一段时间，一伙老板去五台山拜佛。庙里的方丈说，以前功德箱被塞得满满当当的，香客动不动就拿出几百几千块钱，都是红彤彤 100 元的大票；现在箱子里也有不少钱，但大多是五块钱、十块钱的小钞，还有不少一块钱的。"

第二个故事是一些高尔夫球友不见了。

王老师活得潇洒，除了工作，日常游走于美食、美景之间，尤其喜欢打高尔夫球，每年要打一两百场，有一些熟悉的球友。今年情况有所不同，他眼见很多球友从球场上消失了。

"前几天有个老板告诉我，我们经常打（高尔夫）球的一个球场有40%的人打不起球了，还有个球场60%的老板打不起球了。他们要么去躲债了，要么去找钱了，反正已经消费不起了。他们原本以为冬天很快会过去，没想到却碰到了冰河期。"这些忧伤的老板被王志纲叫作"泡沫老板"。

现在，正是泡沫破裂、幻影消失的时候，经济现实水落石出之后，同样忧伤的还有"伪中产"。

网上有个视频让王志纲印象深刻。视频里一个女人对着镜头痛哭，她家原是小康之家，老公一年能收入50万～100万元，所以她辞职在家照顾小孩。小两口在深圳贷款买了房、车，供孩子上学。现在老公一个月只能拿到3000块钱，按揭还不起，车贷还不上，小孩上学都是问题，重压之下，她失声痛哭。王志纲知道，这样的人在珠三角等地还有不少。

当然了,并非都是不好的消息,王老师也带来了让人振奋的消息。

在他的老家贵州,有个县叫威宁彝族回族苗族自治县,属于毕节市,曾经是全省扶贫最为重点的区域之一。有一回王志纲被深圳的威宁商会请去参加活动,他大开眼界——在深圳,来自威宁这个小地方的商会企业家有七八十位,他们几乎都是年轻创业者,很多都在深圳大厂的生态系统里占有一席之地。他们学历高,发展态势好,生机勃勃,让人赞叹。

"今天的中国商业正在大洗牌,一些旧势力逐渐被淘汰,一些新力量正在势不可当地成长起来。"王志纲感慨道。

除了生产制造端,消费市场也正在上演一场大的分化与分流。

一头是低价市场。2022 年,阿里增长乏力,拼多多的 GMV 却超过 3 万亿元,抖音电商的 GMV 更是实现了近 80% 的增长。马云此前在内部讲话中直言,由于大环境发生了变化,接下来是淘宝的机会,而不是天猫的机会。

另一头是高端市场。这段时间以来,奢侈品市场强劲复苏,消费数据一路飙升。2023 年 5 月,中国商品零售额同比增长 10.5%,其中限额以上单位金银珠宝类、通信器材类商品零售额明显高于整体消费增长水平，分别增长 24.4% 和 27.4%。2023 年第一季度，很多奢侈品品牌都在中国市场大有收获。根据联合早报网消息，LVMH 集团在以中国市场为主、不包括日本的亚洲地区营收同比增长 37%，在各地区中增幅最大；爱马仕在不包括日本的亚洲市场销售额也增长了 23%。

2023 年 5 月下旬，我们和经济学家周其仁教授参访几家山东企业时，一直奔走在企业"田间地头"的周老师举了两家国内企业的例子：一个是以性价比驰骋国内外消费市场的蜜雪冰城，另一个则是一直坚持高端路线的方太。

他之前去过方太，和方太的创始人茅忠群交流过。方太给周教授留下了很深的印象，"他们的产品，比别人家的卖得贵，还能卖得多，能同时做到这两点的应该没几家"。

如何"既卖得贵，又卖得多"

既卖得贵，又卖得多，应该是每个企业的梦想。方太是少数把梦想变成现实的企业。

据方太 2023 年 1 月发布的年报数据，2022 年公司营收实现 162.43 亿元，同比增长 4.86%。疫情三年集团累计增长 48%。其产品在精装修渠道市场占有率达36.3%，高端烟灶套餐在电商渠道的市场占有率达63%。

方太为何能做到"既贵又多"，独树一帜？在笔者看来，离不开三个字——"志""新""心"。

首先是"志"。

在方太展厅的墙上，老茅总茅理翔的一句话一语双关，他说："我一生是一个点火的人。"

他当年创办的飞翔电器是方太的前身，主打产品是点火枪。20世纪八九十年代，做点火枪不稀奇，江浙一带做点火枪的公司很多。当时火柴才2分钱一盒，日本做的点火枪却可以卖到70块钱一把，不少老板看到机会，买了产品回来拆了研究、仿制，赚到了第一桶金。

小茅总茅忠群做方太，在父亲的基础上又升了一级。创业几年之后，他便明确：要做家电行业第一个中国人自己的高端品牌。他说："从一开始我就有一个志向，方太推出的每一款产品都必须是精品，不是精品我们就不能推向市场。"

一念起，百折不挠。方太创建于1996年，迄今已在厨电领域深耕了 29 年。20 多年的坚守孤独而漫长，心有远景、志向坚定使其没有迷失于眼前的挫折与歧路。

其次是"新"。

商场竞争激烈，很多行业与企业陷于价格战的红海，难以自拔。方太的密码是以创新超越同质化竞争，只打价值战，不打价格战。它在产品上的专注与投入在两个"1000"上可见一斑。

2010 年，茅忠群在央视新闻里看到一则题为"厨房油烟加剧家庭主妇肺癌风险"的报道，看完即有反思。过去方太研发吸油烟机，也和同行一样，主要着眼于提升风压、风量等可量化的技术参数，并不直接关切顾客健康。

从顾客健康的角度，制造出不跑烟的吸油烟机才是顾客真正所需。茅忠群给团队提了一个"变态"要求：如果炒辣椒都闻不到辣椒味，就说明所有的油烟都被吸走了。

在极限施压下，方太研发团队到四川采买了一种变态辣的辣椒，前后炒掉了 1000 公斤，历经 3 年的迭代打磨，最终推出了近吸直排不跑烟的"风魔方"。这款产品虽然售价高达 5000 元左右，远超同行，但上市 2 个月便成为全国吸油烟机销量冠军，而且蝉联榜首长达 7 年。

方太研发公司另一爆品——洗碗机的过程，也是一趟痛并快乐着的甜蜜旅程。

2010年，当方太开始关注这一品类时，市面上的洗碗机大多是欧式洗碗机的仿品与变种，不适合厨房小、油污重的中国家庭。方太研发团队别出心裁，从用户痛点出发，决意做水槽洗碗机。

创造新事物总是充满挑战，从一组数据可以看出其中艰辛：5年时间，研发团队在25个城市走访了1000多个家庭，行程超过10万公里，历经274次专家研讨会，邀请25位顾客共同参与产品设计与研发，前后打磨超过150张设计图，才有了水槽洗碗机的第一代产品。

这款产品同样引领行业，引爆市场，上市4年后拿下40%多的市场份额，并斩获中国轻工业联合会2017年度"科学技术发明一等奖"等多个重磅大奖。

最后是"心"。

2017年，方太厨电销售收入（不含税）突破100亿元，创下厨电行业的新纪录。百亿之后，方太的追求是从大到伟大。

茅忠群对伟大的理解是："方太要成为一家伟大的企业，有两个核心。这两个核心不是野心、功利心，而是良心和匠心。"

方太对员工的好是实实在在的，在高期待、高要求之下，也有高激励、高关怀。在方太展厅，有一面广受瞩目的功勋人物墙，上面是公司每一年评选的杰出员工和管理者的头像，他们接受的注目礼并不比身为创始人的老小两代茅总少。

在方太，17 000名员工可享受超过50项关怀福利，近1400名员工可享受长期服务纪念奖[一]；任职满两年的员工，即使是保洁、保安，也可拥有一定数量的终身股票，只要在职股就在，共享公司发展红利。

更重要的是，方太倡议员工践行方太文化，鼓励员工追求"物质与精神双丰收，事业与生命双成长"。

方太对顾客的好也是实实在在的。在方太，研发人员问自己的第一个问题是："如果是你的家人要用，你会怎么设计？"

以良心和匠心，感召员工的用心和齐心，从而实现顾客的安心和欢心，这是经营的本质和常识。如此一来，经营业绩必然不会差。

[一] 数据统计截止时间为2023年5月。

探索"中国式现代化"的企业道路

先行者,往往具备更高的认知水平。

一棵树,很多人只看花叶和果实,深刻者却能看到根脉和土壤。

在华为成立十来年的时候,任正非即认识到,资源是会枯竭的,唯有文化才会生生不息,他说:"华为没有可以依存的自然资源,唯有在人的头脑中挖掘出大油田、大森林、大煤矿……精神是可以转化成物质的。"

宁高宁思考"企业管理中的十大哲学问题"时,放在第一位的也是"精神与物质的关系问题"。

他认为:"过去一讲到企业,说的多是物质方面的东西——企业的资产、资产负债表,企业的产品、成本,企业的组织架构,甚至谈到企业里的人,也只是作为一种物质来看待。相反,精神因素的作用在企业里就往往被忽视了。"

"如果大家去看党史,特别是延安时期的党史,你会发现,精神的力量远远大过物质的力量",这给企业的运营以巨大的启示。

茅忠群也有类似的思考和表达。如果有人问方太的核心竞争力,茅忠群的回答可能是:心本经营,以文化人。在他看来,文化即业务。文化是业务的基础，业务是文化的呈现和结果。文化强即诚于心，业务强则精于业。不精不诚，不能动人；精诚所至，金石为开。

对此，王志纲一言以蔽之：大大小小的组织，能否把"要我干"变成"我要干"，是这个组织兴衰成败的核心。

方太如何激活人心，将文化力转化成生产力？"方太文化"处在什么阶段，是否可以复制？方太文化的价值和意义何在？

2023年5月底，一场方太文化研讨会在宁波方太总部举行，来自北大、清华等高校，中欧、长江等商学院的几十位管理学者走进方太，笔者作为嘉宾主持得以近距离感受方太文化，探究方太谜题。

当日，围绕传统文化的古与今、中与西、"国粹"与"国渣"（胡适语）等深度话题，与会者深度碰撞，精彩纷呈。

与会者大致有三点共识：其一，方太20多年实践积淀的文化有其有效性与独特性，虽难以完全复制，却值得学习；其二，方太文化仍在发展、迭代过程中，既不能妄自尊大，也不能妄自菲薄，应保持开放的心态，持续进化，坚持中西合璧，特别是做好引进、传播和吸引年轻人的工作；其三，在"中国式现代化"语境下，方太为本土企业在文化方面的建构与塑造做了可贵的探索甚至开路工作，有重要的价值与意义。

结语

西方哲学曾提出人生的三个命题："我是谁？我从哪里来？我要到哪里去？"

企业如人，茅忠群曾言："作为企业家，要问自己三个问题，第一个是'为什么'，第二个是'成什么'，第三个是'信什么'。"

过往，企业家在"成什么"上下了很大功夫，一路狂飙，高歌猛进；当下及未来，在新的经济周期与社会态势下，恐怕只有那些想通想透"为什么""信什么"的企业，才能真正义利并举，收获时代和人心给予的丰厚犒赏。

延伸阅读

茅忠群的商业理念

01.

文化与业务，是一不是二；文化决定做业务的发心、方式和奋斗精神，业务是文化的呈现和结果。

02.

如果用一句话来阐述方太的核心理念，就是以顾客为中心，以员工为根本，快乐学习，快乐奋斗，促进人类的真善美。

03.

伟大的企业不仅是一个经济组织，也是一个社会组织，在满足客户需求的同时，还要积极承担社会责任，不断导人向善，促进人类社会的真善美。

04.

人品、企品、产品应该相辅相成，缺一不可。

05.

眼睛里看到的都是好东西，那不好的东西自然就进不来了。所谓工匠精神，就是要做到眼睛里容不下沙子，怀揣对用户的仁爱之心。

06.
管理的有效性建立在两条腿走路的基础上，两条腿就是信仰和制度，缺一不可。

因为没有信仰（如对制度的敬畏），制度的有效性就会大打折扣；如果没有制度，就不会有良好的秩序。西方管理经验到了中国后，只剩下制度，没有了信仰。

07.
伟大的企业导人向善。方太要做的，就是在不断改善已有管理制度的同时，推动企业文化落地，把人的"天使"的那一面尽可能地激发出来。

08.
儒家不是不要竞争，中庸也不是不讲原则，重要的是用"仁义"去待人接物，而不拘泥于形式。

09.
方太要成为一家伟大的企业，有两个核心。这两个核心不是野心、功利心，而是良心和匠心。

10.
如果方太只有一样东西可以保留、可以传承，那就是文化！

第 12 章

心连心：老板向员工行礼，免费给司机提供餐食，这家河南县城的龙头企业"真中"

河南省新乡市新乡县有这样一家龙头企业，它的尿素产销量行业领先，复合肥产销量位居行业第一方阵。2023 年，它的年营收超过 200 亿元，一举填补了新乡市多年来无年营收 200 亿元以上的企业的空白，是当之无愧的"新乡第一大民企"。

更令人称道的是，这家企业虽身处资本投入大、周期性强的煤化工行业，但自 1969 年建厂以来从未发生过亏损。

它就是河南心连心化学工业集团股份有限公司（简称心连心）。

从 1969 年新乡县七里营化肥厂（简称新乡化肥厂）的成立算起，心连心已经走过了 50 多年，在河南新乡、新疆玛纳斯和江西九江建设了三大生产基地，产品从最早的碳酸氢铵，发展为今天的尿素、复合肥、甲醇和二甲醚等一系列化工产品。

2007年，心连心在新加坡成功上市，成为全国第一家在新加坡上市的化肥企业。2009年，心连心又在中国香港成功上市。

这些年来，心连心做对了什么？快速成长的背后，又有着怎样的文化战略与经营秘诀？前不久，笔者走进了心连心，董事长刘兴旭毫无保留地分享了30年来的经营心得和商业感悟。

借着这一机会，笔者也与这位七旬"老兵"聊了聊他的故事，一番交流下来，最大的感受可以用2个字来形容，那就是"真中"。

以下是刘兴旭的故事和他经营企业这些年来所坚守的理念，可以说，他用最浅显易懂的话语，讲透了人与商业的本质。

"咱当过兵的人，啥时候打过退堂鼓？"

先来聊聊刘兴旭其人，不得不说，心连心今天的战略与文化，与刘兴旭的早年经历有着密切的关系。

1972年，刘兴旭高中毕业便参军，十多年的军旅生涯中，他先后任排长和指导员，部队里的纪律意识、艰苦奋斗精神和清风正气对他产生了不可磨灭的影响。

1984年，刘兴旭退伍转业后被分配到了新乡县纪检委工作，后又调任到新乡县朗公庙镇担任副镇长。职务虽得到提升，但其行事作风依然是早年当兵时的那股劲儿。

下乡调研时，没有特殊情况他不坐公车，喜欢一个人蹬着自行车到村民家里坐一坐。有一次，他去当地粮管所查看公粮收缴工作时，路上看到一位老大爷吃力地扛着粮食往仓库走，他直接上前从老大爷肩上扛下粮食，随后又一袋袋帮老大爷扛完了剩下的粮食。此后，"大个子镇长帮农民扛粮食"的故事被乡亲们传为佳话。

到了1992年，刘兴旭已经是新乡县七里营镇的镇长了，用今天的话来说，是当地妥妥的一把手，仕途发展可谓一片大好。但很少有人知道，这个老兵心里其实有着自己的"难言之隐"。在与笔者的交流中，他坦诚地说道："坐在机关单位里，总感觉少了点儿激情，实在是不太适应。"

1994年，新乡化肥厂进行了一轮人事调整，县领导找到刘兴旭，问他有没有意愿来接手化肥厂，同时也明确地告诉他，从政府出来干企业会有风险，其中的利弊得失得考虑好。

家人和一些同事得知这一消息后特地赶来劝他："**从福窝到糠窝，这火坑咱可不能跳！**"

但刘兴旭不这么想，成也好败也罢，做企业总归有更大的可能性，他决心要试一试，所以别人越劝，他越是不服气："咱当过兵的人，啥时候打过退堂鼓？"

主动"找死"，把"尿改"推行下去

就这样，刘兴旭从县政府来到了化肥厂，他给自己定下的第一个目标就是把已经停产一年多的"尿改"工程继续推行下去。

这里需要交代一个时代背景。作为含氮量最高的肥料，尿素在农业生产中有着非常重要的作用，但在二十世纪七八十年代，由于工业技术条件有限，我国尿素在很大程度上依赖于从日本进口，甚至装尿素的袋子都是大家争抢的好东西。

为了打破这一受制于人的局面，90年代后，国家开始推动化肥企业由生产碳酸氢铵向生产尿素转型，相当一部分老旧化肥企业都死在了这场技术改革的路上。那几年，全国氮肥企业倒下的不在少数，用当时的"行话"来讲就是：**"不技改是等死，技改就是找死。"**

"尿改"最终虽说是推了下去，但摆在刘兴旭面前的新乡化肥厂的情况却不容乐观。"到厂区一看，职工可以随意抽烟，也没有戴安全帽的习惯。生产过程两三天一停车很正常，今天出个事故，明天出个事故，一年到头医院的工伤病号基本就没断过……"，刘兴旭说道。

为了彻底改变这种生产面貌，刘兴旭带队去邯钢和海尔等先进企业学习，看着这些企业被管理得井井有条，他得出一个结论："先进企业能搞好是因为内部先搞好了，内部如果搞好了，市场想搞垮一个企业是很困难的，多数垮掉的企业都是内部先烂掉了。"

回到厂里后，刘兴旭开始狠抓现场和腐败问题，他把早些年全国提倡的"三老四严""四个一样"⊖作风精神贯彻到了企业里，其铁腕形象不少老员工至今依然记忆犹新。

举个例子，当时采购吃回扣是业内默认的潜规则，但在刘兴旭这里，这种做法绝对行不通。他要求各生产工段把采购人员买回来的设备一一做好记录，如果质量不合格或者与生产所需不匹配，那就要追根溯源，谁出问题谁负责。

触动利益是会得罪人的，阻力和反对之声并不是没有，但刘兴旭不为所动。不管是谁的亲戚，只要触及腐败这条红线，轻则开除，重则移送司法机关，他就是要抓典型，把这股歪风邪气给刹住。

渐渐地，一部分接受不了的人便主动从厂里离开了，企业也建

⊖ "三老四严"指，对待革命事业，要当老实人，说老实话，办老实事；对待工作，要有严格的要求、严密的组织、严肃的态度、严明的纪律。"四个一样"指，对待革命工作要做到，黑天和白天一个样，坏天气和好天气一个样，领导不在场和领导在场一个样，没有人检查和有人检查一个样。

立起了正确的文化价值观。刘兴旭说自己想要的就是这种效果。

2003年新乡化肥厂改制为股份制民营企业，此后，刘兴旭带领企业走上了一条"以肥为基，肥化并举"的发展道路。

文化是战略的根，战略是文化的果

"以肥为基，肥化并举"其实也是心连心的战略定位，对此，刘兴旭总结了很形象的一句话：**"一股煤气分两岔，化肥化工都开花。"**什么意思呢？就是心连心坚持化肥这条主业不动摇，同时，将化肥生产过程中产生的二氧化碳、二甲醚等再利用，真正把资源"吃干榨净，变废为宝"。

这一战略的形成与心连心的企业文化有着很深的关联，刘兴旭用根与果的关系来形容心连心的战略与文化，并将其企业文化梳理为三个层面："思想层——诚信，是我们的文化之根；理念层——自己艰苦奋斗，满足别人的需求，是树干，是我们的文化之魂；行为层——"三讲三不讲"，是树叶，是我们的文化之力。"

接下来，我们分别讲一讲这三个层面的具体内涵，相信你能从中感受到老一辈企业家身上所散发的那股自强不息的精神。

1. 思想层

谈到诚信，没有人会说自己不诚信，但具体怎么做、能不能做好，还要从实际行动中看。刘兴旭把诚信分为人的诚信和企业的诚信。

先说人的诚信。在他看来，尊重规律和契约，别搞花里胡哨的东西，老老实实干好本职工作，把自己和别人的信任关系建立起来，这就是一个人最大的诚信。

这方面，刘兴旭对企业与供应商关系的理解就是一个很好的例子。对一些大型制造企业来说，压供应商的货款早已成为一个常态，很多小供应商为此苦不堪言。但在心连心，刘兴旭明确规定，各部门汇报工作时，决不能把自己压了谁多少钱当作成绩，无论是财务还是各级管理人员，谁敢压供应商的钱，谁就要被严肃处理。

"道理很简单，大家都不容易，别人跟你做生意也想赚点儿钱，你今天压人家的账，明天人家把价格给你提上来或者把质量最差的东西给你，最后吃亏的还是你自己。"

得益于与供应商的良好关系，心连心虽身处煤化工行业，却很少受到煤炭供应和价格波动的影响，即便是在供应相对紧张的时期，不少供应商依然会把给心连心的煤专门留出来，甚至允许心连心延期结算货款。

谈及此，刘兴旭颇为骄傲地说道："我认识的好多化肥厂老板，煤炭一紧张，他们就要亲自去山西买煤，我就不用去，他们都很羡慕我，问我为什么不用去。我说我们平时工作中就和供应商们诚实相待，煤炭卖不出去的时候也没压过价格，没刁难过人家，这种用诚信和善良建立起来的关系可以保证我们的供应稳定。"

再说企业的诚信。对此，刘兴旭也有自己的独到理解。在他看来，企业的诚信应该是对社会的诚信，要符合主流价值观，于心连心而言，就是要用最少的资源创造最大的社会价值。

在这方面，他有一番话其实值得很多人思考。

他说："对我们这类资源消耗型企业来说，**节约资源，让每一公斤资源产生更大的价值，这就是最大的诚信**。如果一边捐资助学，给贫困户捐款，一边偷税漏税，污染环境，我觉得这也不能称得上是真正的诚信。"

想来，这也是心连心之所以一直坚持"以肥为基，肥化并举"战略定位的一个关键原因，它要做的，就是符合这一独特的诚信标准。

截至 2023 年 12 月，心连心在环保方面的投入累计已超 10 亿元。通过对工业废气的回收利用,心连心成立了华中地区最大的二氧化碳公司,每年回收利用二氧化碳超过 90 万吨。其旗下子公司生产的腐植酸除了用作化肥的添加剂外,还可以用于制作化妆品。所以,我们平时喝的可乐、用的面膜和洗发水,原料很可能就来自心连心。

2. 理念层

刘兴旭不相信所谓的捷径,他更喜欢的一句话是"人间正道是沧桑"。

在他看来,事物发展的道路都是曲折的,没有什么是一帆风顺的,无论是克服困难还是达成目标,靠的从来都不是走捷径,而是艰苦奋斗的精神。

刘兴旭对此的表述也很直白:"别走小道,别走近道,更别走歪门邪道。我们的体会是,凡是走小道的,最终都要回到大道上;凡是走近道的,最终都要绕回来重新走;凡是走歪门邪道的,最终都要受到惩罚。坚持主业,一米宽、一千米深,路边的野花不要采。"

于心连心而言,这并非一句口号。2009 年心连心在香港上市,此后没多久"互联网+"的概念开始风靡全国。当时,一周之内接连有三家互联网企业找到刘兴旭,想要与其签订"生死状"——心连心投资 2 亿元,5 年内给到心连心 10 亿元回报。

刘兴旭没多想便拒绝掉了，他说自己不懂这个行业，**钱来得再快、来得再多，也不如把自己手头的事做好**。今天回过头去看，随着一批炒"互联网+"概念的企业相继"裸泳"，刘兴旭此举不可谓没有先见之明。

艰苦奋斗还要有方向。什么意思呢？就是光艰苦奋斗不行，还要朝着一个正确的方向艰苦奋斗。方向不对，努力白费。

什么是正确的方向呢？刘兴旭的解释也很有意思，他说："市场不相信眼泪，也不太相信汗水，满足别人的需求，是我们艰苦奋斗的一个方向。"

最近一些年来，尽管我们总会听见引领市场需求的声音，但从整个商业环境来看，真正能做到引领市场需求的还是少数。于绝大多数企业而言，**有需求才有市场，有市场才有发展，满足市场需求才是最现实的商业之道**。刘兴旭显然深谙此道。

但坦白说，从普通人的视角来看，当下，谈及奋斗，不少人会觉得这两个字略显"干巴"。奋斗，谁不知道奋斗，但到底为什么而奋斗呢？自己的奋斗有何意义呢？

刘兴旭把这两个字聚焦到了责任的层面上，他说："我在宣讲时会和大家说，一个大丈夫应尽的家庭责任是满足孩子上学的需要，满足老人生病时看病的需要，怎么满足？只有靠你去奋斗，换句话说，奋斗是你作为一个人的责任。"

3. 行为层

"三讲三不讲"指的是**讲自己，不讲别人；讲主观，不讲客观；讲效果，不讲过程**。刘兴旭说："只要与外部产生矛盾，没有理由，所有问题都是我们的。"

这句话源于一次"小题大做"的事故。

1997 年，心连心销往安徽滁州的 5.5 吨尿素因为粉尘超标被退货。这件事情并没有引起一些员工的重视，他们觉得公司每年大几十万吨的产量，有几吨不合格也在情理之中，没必要小题大做。

刘兴旭得知此事时正在食堂吃饭，他当即放下碗筷，带上几名高管开车直奔滁州，亲自向客户赔礼道歉，并给客户拿出 3 倍的合格产品作为补偿。事后，他自己率先在全厂公开做检讨，并把生产这批尿素的 6 月 12 日定为"厂耻日"，每年的"6·12"，厂里都要过这个"节日"。

从他自己到车间主任，再到涉事工段的员工，所有人都罚了款。在那个多数人月薪还是几百块钱的时候，全部罚款加起来便有四五万元之多，可见力度之大、范围之广。有人说刘兴旭这是上纲上线，完全没有这个必要，他则铁了心要把这件事当成一个反面典型，因为这触及了企业的生存根基。

在刘兴旭看来，心连心之所以能在当年"尿改"中活下来，就是因为产品过硬，而且比大多数同行还要好那么一点点。就是凭借这一点，心连心每吨肥料可以比别人多卖一两块钱，这一两块钱就是企业的生命线，而这起事故无疑危及这条生命线。

"错了就要认，挨打要立正。"很多时候，这种诚恳的姿态才是企业有大格局、有担当的体现。诚然，刀刃向内自己固然不舒服，但平心而论，又有几家自己舒服但市场和用户不舒服的企业能活得长久呢？

毋庸讳言，当下，一些企业在犯错后甚至连道歉信都写得极其敷衍，字里行间透露的意思不是"我们错了"而是"错不在我"，想的是"怎么就揪着我这点事儿不放"。

这么对比来看，也就更能理解它们与心连心等活得好、活得久的企业之间的真实差距到底在哪里了。

军营文化背后的人性色彩

在心连心，还有一个很鲜明的特色，那就是企业内部充满了军营文化。比如，所有人的工装都是清一色的"橄榄绿"，上下班时间军号声会响彻整个厂区，员工在厂区行走时要做到两人成排、三人成列，新员工入职后还要进行为期一个月的封闭式军训，淘汰率高达50%……

再结合我们上文中谈到的艰苦奋斗、"三讲三不讲"等内容，一定会有人觉得，**"严"似乎是心连心这家企业的一个关键词。**

这就涉及一个现实问题，在人性化管理备受推崇的当下，心连心这般严格严厉的行事作风，能否为员工（特别是"90后""00后"这代年轻人）接受？在后来的访谈中，笔者发现是自己想得肤浅了，于心连心而言，这种严格严厉正是其人性化的别样表现。如果不能接受这些纪律，员工纵使才高八斗，心连心也容不下他。

为什么？这与其所处的行业有关。在煤化工行业，火灾、爆炸、毒气泄漏等危险事故防不胜防，一旦发生事故，轻则停产停业，重则出现人员伤亡，代价不可谓不高昂。

所以这一行业非常注重令必行，禁必止，各生产工序要严格按照操作规范来，全员要服从命令听指挥。在企业内部贯彻军营文化无疑是营造这种令行禁止的氛围的最佳方式。

显然，心连心的这种"严"，正是对每位员工最大的负责，从刘兴旭的视角来看，这也是搭建好心连心这个平台的关键所在。

刘兴旭把经营企业理解为搭建平台，这个平台的目的是什么呢？是赚钱，但绝不止于赚钱，**更重要的是让员工能在这里实现自己的价值，展现出自己的才华**。受这一理念的影响，在谈及关爱员工的话题时，刘兴旭并没有讲太多故事，也没有一一罗列企业在这方面的各项举措，他的回答很朴素：

"其实我也不知道该如何表达对员工的关爱，我的想法就是把心连心这个平台做好，让我们的员工能够在这里做好工作，能够展现出自己的价值，等他们实现自我价值以后，也就不愁待遇和奖金了。"

不擅表达并不意味着不懂关爱，刘兴旭对员工的感情体现在具体的行动之中。例如，早在2003年改制之初，他就在行业内开了先河：**让职工持股，共享发展红利**。

这些年来，刘兴旭不断降低自己的持股比例。目前，心连心的骨干员工几乎人人持股，刘兴旭自己的股份则逐渐降到了1%。厂里的干部和工人家里有红白事时，他的规矩是，白事能去就一定要亲自去一趟，红事一定要把红包送到。外出工作时，他从不让司机做除开车以外的任何工作，比如给自己端茶送饭。在他看来，一路上，司机才是那个最辛苦的人，最应该多休息。

尤为值得一提的是，除了在员工心里，刘兴旭和心连心在来往的卡车司机中，也是有口皆碑的。在短视频平台上，好多卡车司机专门录制了视频，他们说在全国拉了这么多货，只有心连心管他们饭吃，以前从没有过这样的待遇。而且，心连心装货规矩好，司机们不用看人脸色，能够受到尊重。

视频下方有不少评论，司机们虽然不会说太多的漂亮话来表达感谢，但每一句话都是他们的真情实感。比如：

"还是我们大河南企业好吧。"

"去过一次，特棒，领导肯定是一个特别棒、素质特别高的人，这家企业从上到下都好棒。"

"不光能吃饭，心连心的服务站还有淋浴间、洗衣房、休息室，门卫小哥热情，装货工人也会耐心指导，让人感到非常温暖。"

刘兴旭还有一个习惯，只要不出差，每天早上7点20分之前，他会到厂里换上工装，7点30分准时到厂区门口笔直地站着，向上班的员工行注目礼，无论刮风下雨，雷打不动。

当年那一代企业家很多不擅长表达情感，想来，刘兴旭的这一注目礼，或许正是铁面背后，他内心中温暖与柔情的一面的独特展现。

结语:"为了大地的丰收"

1954年出生的刘兴旭,今年已经71岁了。当笔者问他今后还有哪些目标想要实现时,他说自己没什么太大的目标了,走好"以肥为基,肥化并举"这条路,为中国农业和农民再多做些事情,就可以了。

目前,刘兴旭把大部分精力放在了两件事上。

第一,由心连心出资,为更多农民普及滴灌技术。一方面节约水资源,另一方面转变农民观念,引导他们把土地集中起来,实现大规模农业生产和农业现代化。

第二,推广与化肥有关的各种技术,建立行业标准,让中国肥料走向世界。

刘兴旭坦言,从国际上来看,我国化肥行业的规模、水平与发达国家之间还存在不小的差距。在产品成熟度上也存在不足,没能给农民提供一套系统的方案,比如让他们了解什么样的化肥是好化肥、如何有效利用化肥等。

他说想要做好这两件事并不轻松,但不管如何他都会坚持做下去,这是中国农业和以农业为主的企业未来的发展空间所在。

这一切，正呼应了心连心企业文化展厅里最先映入眼帘的那几个大字：为了大地的丰收，也呼应了每一个心连心人都牢记的那句企业理念："坚持做事的理念，老老实实为社会做事，全心全意为农民服务，是心连心存在的意义和目的。"

最后，附上刘兴旭作的一首诗，他心中的理想抱负和不屈的精神在这首诗里有着近乎完整的体现。

水调歌头·由新疆赴九江途中有感

刚沐天山雪，又揽九江风。万里江山掠过，心潮再奔腾。六十三载星月，多半世纪风雨，几时能消停？前路曲折去，汗水洒征程。

撸起袖，不认命，再挺胸。观商海激流涌，只在潮头行。六千健儿一心，敢于直面挑战，未来更峥嵘。人生欢乐事，扬鞭策马中！

延伸阅读

刘兴旭的商业理念

01.

坚持做事的理念,老老实实为社会做事,全心全意为农民服务,是心连心存在的意义和目的。

02.

劳动是一切知识的源泉,也是一切幸福的源泉。人在劳动中获得价值感、满足感、幸福感,通过自己的劳动实现人生价值的滋味格外美好。劳动成就了心连心,我们的今天正是一代代心连心人忘我劳动、接续奋斗的结果。

03.

创新劳动,就是用新思想打开新视野,用新思路扩展新领域,用新举措发展新格局。今后的发展,没有创新我们将寸步难行,有了创新我们将步步为营。

04.

一个伟大的企业,是不会经常发生什么激动人心的事的。因为一切都在计划之中,一切都在预料之中。

05.
做企业为了什么？就是为了赚钱吗？赚钱不是企业的最终目的，企业的最终目的是把事做得更大、更好。

把事做大、做好，就是用最少的社会资源创造最大的社会效益。把事做大，就是企业自身规模大、赢利能力强、运作规范；把事做好，就是让顾客、供应商与合作伙伴、社会、员工、股东五大相关方更美好。

06.
企业要和社会的主流价值观保持一致，成为被社会认可、受人尊重的企业，不危害社会、不让社会为企业的发展"买单"，这是最基本的。

07.
只凭热情，能够一时把事情干好，但是，要做成一个好的企业，没有严格的管理，没有一点一滴抓好基础，没有科学的态度，肯定是不行的。

08.
踏踏实实地做企业，一步都不能少；这样慢慢地走，才能够到达我们的目的地。

09.
我们有一条规矩，叫作"三讲三不讲"——讲自己，不讲别人；讲主观，不讲客观；讲效果，不讲过程。

10.
如果机会来了，但没有准备好，那么机会可能不是机会，而是风险；如果已经准备好了，却抓不住机会，那就是决策上出现了失误。